함께 생각하자 ❹

노동
우리 모두 노동자가 된다고?

초판 1쇄 발행 2018년 10월 26일 | 초판 3쇄 발행 2020년 1월 10일

글 오찬호 | 그림 노준구

펴낸이 홍석 | 전무 김명희 | 편집부장 이정은 | 편집 차정민 · 이선아

디자인 나비 | 마케팅 홍성우 · 이가은 · 이송희 | 관리 김정선 · 정원경 · 최우리

펴낸곳 도서출판 풀빛 | 등록 1979년 3월 6일 제8-24호

주소 서울특별시 서대문구 북아현로 11가길 12 3층 (북아현동, 한일빌딩)

전화 02-363-5995(영업) 02-362-8900(편집) | 팩스 02-393-3858 | 전자우편 kids@pulbit.co.kr

홈페이지 www.pulbit.co.kr | 블로그 pulbitbooks.blog.me | 페이스북 www.facebook.com/pulbitbooks

ⓒ 오찬호, 노준구 2018

ISBN 979-11-6172-093-7 74330
ISBN 979-11-6172-029-6 74080 (세트)

이 도서의 국립중앙도서관 출판시도서목록(CIP)은 서지정보유통지원시스템홈페이지(http://seoji.nl.go.kr)와
국가자료공동목록시스템(http://www.nl.go.kr/kolisnet)에서 이용하실 수 있습니다.(CIP제어번호: CIP2018030019)

* 지은이와 협의해 인지를 생략합니다.
* 잘못된 책이나 파본은 구입하신 곳에서 바꿔드립니다.

| 제품명 아동 도서 | 제조년월 2020년 1월 10일 | 사용연령 8세 이상
제조자명 도서출판 풀빛 | 제조국명 대한민국 | 전화번호 02-363-5995
주소 서울시 서대문구 북아현로 11가길 12 3층 (북아현동, 한일빌딩)
KC마크는 이 제품이 공통안전기준에 적합하였음을 의미합니다.

⚠ 주 의
종이에 베이거나 긁히지
않도록 조심하세요.
책 모서리가 날카로우니
던지거나 떨어뜨리지 마세요.

함께 생각하자

노동

우리 모두 노동자가 된다고?

오찬호 글 · 노준구 그림

풀빛

차례

프롤로그 노동하는 사람들

1. 사람들은 왜 일을 할까요?
사람은 언제부터 일을 했을까?　12
일과 노동　15
일과 노동은 언제부터 구분되었을까?　17
분업 때문에 다양해진 직업　21
모든 일에는 사회적 가치가 있어　22
| 누가 노동자일까?　26 |

2. 노동에 대해서 얼마나 알고 있나요?
노동자와 근로자　30
사무실에서 일하는 사람은 노동자가 아닐까?　35
파업은 불법이 아니야　40
'집안일'이 아니라 '가사 노동'인 이유　46
| 비싼 노동과 싼 노동　50 |

3. 즐겁게 일하려면
자본주의 사회에서 일한다는 것　54
정당한 대가를 받아야 해　59
쉬어야 할 권리　64
노동자를 지켜 줄 단체가 필요해　70
| 좋은 노동자와 나쁜 노동자　76 |

4. 대한민국에서 노동자로 살기

경제 성장의 주춧돌이었던 노동자들　80
서민의 삶을 송두리째 바꿔 버린 IMF 외환 위기　84
초등학생의 장래 희망에서 대통령이 사라진 이유　91
초등학교에는 왜 여자 선생님이 많을까?　96
| 정규직과 비정규직　102 |

5. 우리는 모두 미래의 노동자

우리는 어떤 모습으로 일하게 될까?　106
미래에는 어떤 일들이 새롭게 등장할까?　111
어떤 일을 하더라도 인간이 존엄한 사회를 희망하며　116
| 모두 다 노동자야!　124 |

에필로그 노동에 대한 고정 관념을 깨자!

노동하는 사람들

　우리 주변의 어른들은 대부분 일을 하면서 살아요. 부모님은 직장이나 가정에서, 선생님은 학교에서 일을 해요. 모두 아침부터 늦은 시간까지 쉴 새 없이, 고단하게, 열심히 일하고 있어요.

　혹시 일을 열심히 하면 돈을 많이 벌 수 있으니 좋은 거 아니냐고 생각하나요? 꼭 그런 것은 아니에요. 사람이 일만 하면 생활의 여유가 사라져서 더 큰 문제가 발생할 수도 있거든요. 그래서 우리나라는 일주일에 52시간 이상은 일하지 말라고 법으로 정해 놓았어요. 일주일에 52시간도 적지 않아요. 한번 상상해 보세요. 일주일에 5일을 일한다고 하면 하루에 10시간이 넘게 일하는 거예요.

　하루에 10시간을 놀기도 힘든데 일을 하다니 이게 어떻게 가능할까요? 더욱 놀라운 것은 여러분도 성인이 되면 대부분 이렇게 일을 하면서 살아갈 거라는 사실이에요. 왜 모두 일을 해야 할까요? 그건 자본주의 사회에서는 일을 해야 생활에 필요한 돈을 벌 수 있기 때문이에요.

　자본주의 사회에서 인간은 돈이 없으면 제대로 살아갈 수 없어요. 음식은 물론이고, 입을 옷도, 생활할 장소도 얻을 수 없지요. 그렇다면 인간에게 노동은 운명일 수밖에 없겠네요. 일하는 것은 힘들지만 그렇다고 마음대로 거부할 수 없기 때문에 사람들은 노동을 하며 많은 스트레스를 받아요.

　사람들은 이왕이면 일을 하면서 돈을 많이 벌기를 희망해요. 그래서 어려서부터 쉬고, 놀고, 자고 싶은 것을 참아 가며 고통스럽게 공부해요. 성인이 되어서도 취업을 위해 각고의 노력을 하고, 막상 일을 하게 되어도 더 좋은 성과를 내기 위해 스트레스를 받으며 바쁘게 살지요.

　여기서 중요한 질문을 해 볼게요. 누구도 노동을 피할 수 없다면 전 세계 모든 사람들이 힘든 상황을 견디면서 살고 있을까요? 노동 때문에 스트레스를 받는 것은 절대 피할 수 없는 것일까요? 결코 아니에요.

　자본주의 사회에서 살아가더라도 경쟁과 힘든 노동이 당연한 것은 아

니에요. 특히 직업에 따른 소득 격차가 크지 않은 곳의 사람들은 노동을 대하는 태도가 많이 달라요. 어떤 일을 하더라도 의식주 해결이 어렵지 않고, 인간다운 삶이 보장된다면 사람들은 자신이 하고 싶은 일을 하면서 살 수 있겠지요. 돈을 잘 버는 직업을 좇을 이유도 없고요.

하지만 노동에 대한 고정 관념이 강한 곳에서는 그렇지 않아요. 많은 사람들이 직업을 좋은 일과 나쁜 일로 구분해서 바라봐요. 그래서 좋은 일자리를 얻기 위해 경쟁을 하는 것은 당연하고 그 반대편을 차별하는 것을 대수롭지 않게 생각해요. 어떤 노동자가 제대로 된 보상을 받지 못해도 "그건 이상한 일을 선택한 본인 잘못이야!"라고 말하는 사람도 있어요.

여러분은 노동에 대해서 제대로 알고 있나요? 혹시 "나는 열심히 공부해서 노동자가 되지 않을 것이다."와 같은 말을 한 적 없나요? 또는 "자본주의 사회에서는 모두가 행복할 수 없어. 어디에나 가난한 사람은 있어."라고 생각하지는 않았나요? 지금부터 이런 생각들이 과연 옳은지 살펴볼 거예요.

이 책은 여러분에게 "미래에 멋진 일을 하세요!"라고 말하지 않아요. 왜냐하면 우리는 모두가 멋진 일을 할 수도 없고, 적성에 맞는 일을 하면서 살아간다고 보장할 수도 없기 때문이에요. 그래서 우리는 '무슨 일을 하더라도' 행복할 수 있는 사회를 꿈꿔야 해요. 그 첫걸음을 지금부터 시작해 보아요.

 사람은 언제부터 일을 했을까?

사람들은 오래전부터 일을 하며 살았어요. 몸을 움직이지 않고서는 생활에 필요한 음식을 구할 수 없었기 때문이에요. 예전에는 직접 사냥을 하거나 식물을 모으는 일을 해서 음식을 마련했고, 요즘에는 음식을 돈을 주고 사기 위해 사람들은 일을 해요.

뿐만 아니라 과거에는 외부로부터 스스로를 보호할 공간을 만들기 위해서도 일을 해야만 했어요. 사나운 동물들의 공격이나 추위 등을 피해 인간은 늘 '집'이라고 불리는 공간 속에

서 생활했어요. 이 집을 만들기 위해서는 많은 고민이 필요하고 육체적 움직임이 있어야 해요. 이처럼 특정한 목적을 가지고 사람들이 생각과 행동을 하는 모든 경우를 '일'이라고 해요.

그렇다면 동물들이 먹이를 구하고 둥지처럼 자신만의 보금자리를 만들어 살아가는 것도 일을 하는 것일까요? 아니에요. 동물들은 사람처럼 일하지 않아요. 그저 배를 채우거나 목숨을 보호하기 위해서 본능적으로 움직여요. 일이 아니라 생존을 위한 행동 혹은 활동을 했다고 볼 수 있어요. 자세하게 알아볼까요?

동물은 특별한 학습 없이 본능으로 움직이기에 지금의 사

자나 2만 년 전의 사자나 활동하는 모습이 같아요. 온종일 낮잠을 자다가 배가 고프면 어슬렁거리며 사냥할 수 있는 동물만을 잡아요. 하지만 사람은 그렇지 않아요. 배고픔을 해결하려는 목적은 같아도 사람들은 어떻게 하면 더 빨리, 더 많이 원하는 바를 얻어 낼 수 있는지를 끊임없이 고민해요.

덕분에 동물과는 비교할 수 없을 만큼 엄청난 발전을 했어요. 맨손으로 일을 하다가 도구를 발견했고, 이 도구는 처음에는 단순한 돌이었지만 시간이 흐르면서 청동기, 철기 등 더 단단한 물질로 변해 갔어요.

땅을 파헤치는 것이 수월해지니 사람들은 농사를 지을 수 있게 되면서 전보다 훨씬 편하게 살 수 있었어요. 또한 배고픔이 해결되어 가자 사람들은 생각하는 데 많은 시간을 쓸 수 있게 되었지요. 그래서 과학 기술의 발전이 가능했고 산업 혁명을 통해 사람들은 공장에서, 회사에서 일을 하게 되었어요.

과거보다 생활 환경이 좋아지자 사람들은 물질적인 충족만이 아니라 정신적인 만족을 위해 일했어요. 책을 읽고 영화를 보고 여행을 다닐 돈을 마련하기 위해 열심히 일하는 건 비교적 최근에 생긴 모습이에요.

중요한 것은 인간은 주어진 환경에 머무르지 않고 끊임없이 생각하며 더 나은 삶을 위해 노력했다는 거예요. 바로 일을 하면서요. 그래서 사람을 '호모 사피엔스', 즉 지혜를 사용하는 인간이라 불러요. 일이야말로 사람이 동물과 구별되는 가장 큰 특징이라 할 수 있어요.

일과 노동

그렇다면 일과 노동은 어떻게 다를까요? 일은 필요한 것을 얻기 위한 사람만의 모든 정신적, 육체적 활동을 뜻해요. 일에는 돈을 버는 것만이 아니라 특정한 목적을 지닌 여러 경우가 다 포함돼요. 여러분은 일을 하지 않을까요? 일요일에 학원도 가야 하고 가족과 목욕탕도 가야 하는데 친구가 놀러 가자고 하면 "그날 일이 많아서 어려워!"라고 하겠지요? 이처럼 평소의 여러 행동이 일에 포함되어요.

노동은 일할 로(勞) 자에 움직일 동(動) 자의 결합으로 움직여 일한다는 뜻이에요. 얼핏 일과 같은 뜻처럼 보여요. 하지만 노동에는 중요한 상황이 포함되어 있어요. 돈을 벌기 위해 특

정한 대상과 계약을 맺고 약속된 일을 한다는 점이에요. 특정한 대상이란 회사를 말하기도 하고 노동자에게 임금을 주는 고용주를 뜻하기도 해요.

쉽게 말해 회사의 방침에 따라 일을 하고 그 대가로 생활에 필요한 물자나 돈을 받는 것을 노동이라고 해요. 노동은 누군가의 지시를 따라야 하고 약속된 목표를 달성해야 하니 일보다는 자유롭지는 않겠지요?

하지만 노동하는 사람이 전부 회사에서 일을 하는 것은 아니에요. 어디에 소속되어 계약서에 따라 정해진 시간만큼 일을 하고 급여를 받는 사람을 '임금 노동자'라 표현하고, 공식적으로 고용되지 않고 자신의 전문적 능력을 단기간 동안 제공하고 돈을 버는 사람을 '프리랜서'라고 해요. 예를 들어 만화를 그리는 일을 하는 웹툰 작가가 인터넷에 만화를 연재하면 "프리랜서로서 노동을 제공하여 돈을 벌고 있다."라고 표현해요.

 일과 노동은 언제부터 구분되었을까?

 오래전 인류의 초창기 사회 형태를 '원시 공산 사회'라고 해요. 여기서 공산은 함께 공(共) 자에 만들어 낼 산(産) 자를 합친 말이에요. 즉 함께 일해서 얻게 된 물자를 함께 소유한다는 뜻이지요. 당시에는 수렵 및 채집을 하면서 누가 얼마나 기여했는지를 따지지 않고 동등하게 나눴어요. 모두가 모두를 위해 일을 했던 셈이에요.

 하지만 농경 사회에서는 토지를 소유하지 않은 사람은 스스로를 위해서 농사를 지을 수가 없었어요. 그러니 자연스레 토지를 소유한 사람에게 고용되어 대신 일해 주고 먹을 것을 얻기 시작했는데 이때부터 일과 노동이 처음으로 분리되었어요.

플라톤, 소크라테스 등 위대한 철학자들이 살았던 고대 그리스를 아시나요? 모든 사람이 평등하다는 민주주의의 기초가 등장한 이때의 그리스는 사실 노예들이 모든 육체적 노동을 도맡아서 했어요. 그것도 아주 고통스럽게요. 그래서 노동을 뜻하는 영어 단어 labor의 어원에는 '고통, 고문'이란 뜻이 있어요.

노예들은 자신의 주인에게 노동력을 제공하고 의식주를 해결했어요. 노예의 노동이 있었기에 그리스 사람들은 다른 일을 할 수 있었어요. 어떻게 해야 인간이 존엄해질 수 있는지를 매일 모여서 토론했어요. 그 결과 유명한 철학자들이 당시에 많이 등장했지요.

산업 혁명 이후에는 대부분의 사람들이 노동을 해야만 했어요. 돈이 많은 사람들이 토지를 사들여서 공장을 만들었기 때문이에요. 그러니 농사일을 하던 사람들 대부분이 공장 주인에게 '고용되어' 노동하는 사람이 될 수밖에 없었어요.

이때의 노동은 농사를 짓던 모습과는 조금 다른 모습이었어요. 농사는 일하는 시간을 농부가 직접 정할 수 있어요. 새

벽에 일하고 싶을 때는 새벽에 일하면 되고 몸이 힘들 때는 쉬었다가 다음 날 더 많이 일을 하면 되었지요. 하지만 산업 혁명 이후의 노동은 기계가 돌아가는 시간에 정확히 맞춰서 사람이 움직여야 했어요. 심지어 식사도 배가 고프든 말든 정해진 시간에 해야만 했어요.

또 농사는 씨뿌리기부터 수확까지 사람이 생산의 모든 과정에 개입하지만 산업화 시대의 노동은 그렇지 않았어요. 공장에서는 철저한 분업에 의해서 생산물이 만들어졌어요. 자동차를 만드는 공장이 있으면 노동자는 큰 컨베이어 벨트의 한쪽에서 종일 같은 일만 하지요. 이를 분업 시스템이라고 해요. 분업은 생산량을 월등히 높여 주는 장점이 있지만 사람이 별다른 창의성을 발휘하지 못하고 같은 일을 반복한다는 단점도 존재해요.

이 특징이 일과 노동을 구분하게 되었어요. 노동은 분업을 위해 약속된 행동을 하는 것이기에, 기계의 움직임에 몸을 맞추어야 하고 정해진 시간에 일을 해야 되지요. 그래서 노동은 일보다는 강제적이고 고통스러운 뉘앙스를 지니게 되었어요.

분업 때문에 다양해진 직업

하지만 현대 사회에서는 노동을 부정적인 의미만으로 해석하지 않아요. 분업화로 인해 특정한 분야에 대한 전문적 기술을 개인이 보유할 수 있게 되었거든요. 그래서 직업이 엄청나게 많아졌어요. 직업은 일과 노동처럼 무엇을 위한 활동이라는 비슷한 뜻을 가지고 있지만 '한 가지 일에 전문적으로 종사한다.'라는 차이점이 있어요.

예를 들어 볼까요? 공장에서 대량 생산이 가능해지면서 물건을 운송하는 자동차가 필요해졌어요. 자동차와 관련된 직업은 자동차를 운전하는 사람, 디자인하는 사람, 타이어를 만드는 사람, 블랙박스를 만드는 사람, 자동차를 파는 사람, 광고를 만드는 사람, 배기가스를 측정하는 사람, 차량 보험을 설계하는 사람, 주유소 직원, 고속도로 휴게소 직원 등 셀 수 없을 정도예요.

이렇게 늘어난 직업이 현대 사회에는 2만 개가 넘는다고 해요. 직업이 많아지면서 개인이 선택할 수 있는 노동의 형태도 늘어났어요. 그래서 과거에 비해 현대 사회는 자신의 적성에 맞춰 일을 하며 살아갈 수 있는 가능성이 높아졌어요.

 모든 일에는 사회적 가치가 있어

혹시 공항에 가 본 적 있나요? 공항에는 어디론가 떠나는 사람들로 가득해요. 그리고 공항에는 여러 직업에 종사하고 있는 많은 사람들이 있어요. 조종사, 승무원은 비행기 안에서 일하고, 공항에는 승객들이 예매한 표를 발권해 주는 직원이 있어요. 승객들의 무거운 짐을 비행기로 이동시키는 직원들도 있고요.

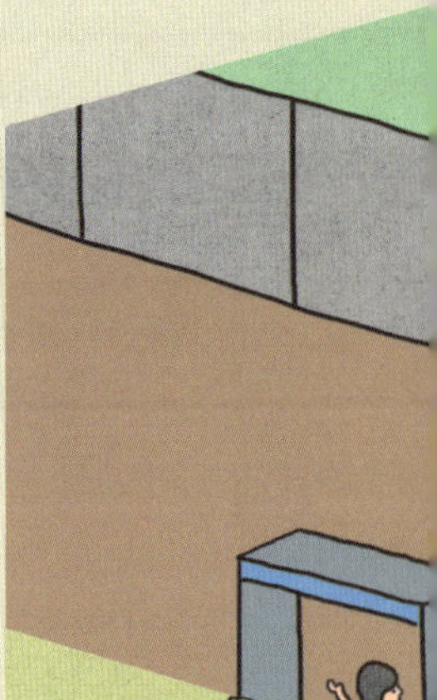

비행기를 이륙시키기 위해서는 많은 사람들의 도움이 필요해요. 먼저 비행기에 위험한 물건을 가지고 승

객이 탑승하지 못하도록 검사하는 세관원이 있어요. 그리고 하늘에서 대기 중인 비행기의 착륙 순서를 결정하고 이륙하려는 비행기들이 활주로를 잘 이용하도록 지시하는 항공 교통 관제사도 있어요. 활주로에는 조명등을 들고 비행기에 신호를 보내는 항공기 유도사가 있고요, 활주로에 눈이 오면 이를 치우는 제설 담당 직원도 있어요.

공항의 안전을 책임지는 사람도 많아요. 보안 요원, 화재를 대비하는 소방관, 공항을 돌아다니며 위험물을 발견하는 탐지견을 관리하는 사람들도 있어요. 또 여행객들이 즐거운 시간을 보낼 수 있도록 공항을 깨끗하게 청소하는 사람, 면세점에서 상품을 판매하는 사람들도 있어요.

이렇게 많은 사람들의 노동이 없으면 우리는 공항을 편히 이용할 수가 없어요. 어느 하나라도 빠지면 이용객들이 불편을 겪고 공항도 제 기능을 하지 못할 거예요. 공항뿐만 아니라 학교나 병원을 비롯한 사회 기관, 사업장도 마찬가지예요. 여러 사람의 노동이 없으면 제대로 굴러갈 수 없어요. 그래서 모든 노동에는 사회적 가치가 있어요. 사회적 가치란 어떤 노동이든 사회에 도움을 준다는 뜻이에요. 이를 일의 사회적 역할, 일의 공익적 기능이라고 해요.

결국 사회가 제 기능을 하려면 노동자들이 제대로 일해야 해요. 그만큼 노동자의 역할이 중요하지요. 하지만 우리는 노동자를 제대로 대우하지 않아요. 일하면서 받는 스트레스를 당연하게 생각하고, 노동의 사회적 역할을 가볍게 생각했어요.

버스 운전 노동자를 떠올려 볼게요. 버스가 없는 세상을 상상할 수 없지요? 그런데 어떤 버스 회사에서 적정 인원을 채용하지 않아 운전사들이 너무 많은 시간을 일해야 했어요. 휴식 시간도 없이 종일 운전을 하게 되면 졸음운전을 할 가능성이 매우 높아져요. 이는 교통사고로 이어지겠지요? 그러면 버스에 타고 있던 사람들이 다치게 돼요.

사회적으로 꼭 필요한 일을 하는 노동자가 제대로 된 대우를 받지 못하면 노동자가 불행한 것은 물론, 모두가 피해를 봐요. 반대로 어떤 일을 하더라도 노동자들이 부당한 대우를 받지 않고 생활을 적절하게 유지할 경제적 보상이 보장된다면 사회 전체가 좋아져요.

하지만 지금까지 이런 관심이 매우 부족했어요. 왜 그런 것일까요? 그 이유는 우리가 고정 관념을 가지고 노동을 바라보기 때문이에요. 어떤 고정 관념이 문제인지, 또 이를 어떻게 고쳐 나가야 하는지를 다음 장부터 함께 살펴봐요.

누가 노동자일까?

안녕? 나는 서울에 사는 김성호야. 우리 가족은 엄마, 아빠, 누나 나 모두 네 명이야. 아빠는 보험 회사 과장님이야. 대기업에서 일하는 아빠 덕분에 풍족하게 살지만 아빠는 늘 바빠. 밤늦게 들어와서 잠만 자고 출근하는 날이 아주 많지.

엄마는 지금은 가정주부지만 예전에는 군인으로 일했어. 군복을 입은 엄마의 모습은 정말 멋있었어. 그런데 몇 해 전 훈련에서 크게 다친 이후로 가정주

부가 되었어. 멋진 엄마의 모습을 더는 볼 수 없어서 좀 아쉬워. 누나는 작년까지 중학교에 다니다가 올해부터는 학교를 그만두고 홈스쿨링을 해.

　우리 집에서 돈을 가장 많이 버는 사람은 아빠야. 엄마는 홈스쿨링을 하는 누나를 지도하고 집안일도 열심히 하지만 돈을 받지는 않아. 일은 엄마가 가장 많이 하는 것 같은데 참 이상하지?

노동, 어디까지 알고 있니?

　국어사전에 노동은 '사람이 생활에 필요한 물자를 얻기 위하여 육체적 노력이나 정신적 노력을 하는 행위'라고 적혀 있어요. 노동자는 노동을 하는 사람을 말하고요. 그렇다면 성호네 식구들 중 노동을 하고 있는 사람은 누구일까요? 회사에서 일하는 아빠만을 노동자라고 생각하겠지만 돈을 받지 않는 엄마도 분명 가족을 위해 여러 노동을 하고 있어요.

　노동은 우리 사회 안에서 매우 다양한 모습을 하고 있어요. 우리 주변에도 노동자가 있는지 살펴보세요.

노동자는 어떤 사람일까?
우리 가족 중에 노동을 하고 있는 사람은 누구일까?

 **노동자와 근로자**

'5월'하면 무엇이 떠오르나요? 아마 5월 5일 어린이날이 가장 먼저 생각나겠지요? 혹시 왜 1년 중 하루를 특별한 날로 지정하여 어린이를 위하는지 생각해 보았나요? 설마 1년에 딱 하루만 어린이를 생각하라는 뜻은 아닐 거예요. 또 어린이라면 착해야 한다, 부모님 말씀 잘 들어야 한다, 공부 열심히 해야 한다는 말을 어른들이 하려고 만든 날도 아닐 거고요. 만약 그렇다면 어린이날을 기다리는 어린이는 별로 없을 거예요.

어린이날을 만든 이유는 모든 어린이들이 언제나 보호받아야 하는 소중한 존재이기 때문이에요. 국가는 사회 구성원들이 소중하다는 인식을 사람들이 가질 수 있도록 이런 기념일을 지정해요.

그렇다면 5월 1일은 무슨 날인지 알고 있나요? 이날은 대한민국 인구 5천만 명 중 무려 2천만 명이 넘는 사람을 기념하는 날이에요. 바로 '근로자의 날'이에요. 우리나라만이 아니라 세계의 많은 나라에서 임금 노동자가 사회에 얼마나 소중한 존재인지를 다시금 생각하기 위해 5월 1일을 기념하고 있어요. 그래서 이날을 많은 회사들이 휴무일로 지정해요. 공식

공휴일이 아니지만 은행이 문을 열지 않는 유일한 날이기도 해요.

그런데 왜 노동자의 날이라고 하지 않고 근로자의 날이라고 부를까요? 왜 노동을 하는 사람을 노동자라고 부르지 않을까요? 혹시 이 두 단어가 같은 말처럼 느껴지나요? 이 표현을 둘러싸고 정치인들은 논쟁을 많이 해요. 실제 근로자라는 표현 대신 노동자라고 사용해야 한다는 법안을 발의한 국회 의원도 있어요. 과연 어떤 표현이 정확할까요?

노동자와 근로자라는 표현 중 무엇이 맞고 틀렸는지는 판단할 수 없어요. 다만 그 뜻이 약간 다르기에 일상에서 이를 사용할 때 조심할 필요가 있어요.

근로자라는 표현을 반대하는 사람들은 이 단어가 모든 노동자를 지칭하지 않음을 주목해요. 앞서 살펴보았듯이 노동은 개인의 육체적 힘이나 정신적 고민을 다른 대상에게 제공하고 대가를 받는 행위를 가리켜요. 그러니 정해진 시간에 출근해서 규정에 따라 일을 하는 사람 모두가 노동자예요.

하지만 근로자는 노동자가 '어떻게 해야 한다.'라는 취지가 담겨 있어요. 근로는 부지런한 근(勤) 자에 일할 로(勞) 자를 합친 말이에요. 그러니 근로자라는 말에는 노동을 부지런하게 하는 사람이라는 의미가 있어요.

  물론 부지런하게 일하는 것은 좋은 것이에요. 하지만 '노동자라면 부지런한 게 당연하다.'라는 인식이 형성되면 여러 문제가 발생할 수 있어요. 부지런하다는 표현을 노동에 적용시키면 노동자들은 어떤 경우라도 불평하지 말고 성실히 일해야 한다는 부담감을 가지게 돼요. 제대로 쉬지도 않고, 제때 퇴근도 하지 않고 일을 해야지만 부지런하다는 소리를 들을 수 있기 때문이에요.

근로자

노동자들에게는 법에 따라 하루에 일정 시간만큼만 일할 권리가 있어요. 또 일하는 도중에 제대로 식사하고 당당히 휴식할 권리도 있어요. 하지만 부지런함을 지나치게 강조하다 보면 당연한 권리를 주장하는 것이 어려워져요.

실제로 카페나 패스트푸드 식당에서 일하는 노동자들이 근로 기준법에 나와 있는 일정 시간 연속으로 일을 하면 반드시 휴식을 취해야 하는 시간인 휴게 시간을 보장받게 된 지도 얼마 되지 않았어요. 그전에는 휴식조차 아껴 가며 일을 하는 것

을 마치 정상적인 노동자로 보는 풍토가 많았기 때문이에요.

　이렇게 생각해 보세요. 만약 공부 열심히 하는 어린이만 어린이라면 기분이 어때요? 부모님 말씀을 듣지 않았다고 어린이의 자격을 박탈할 수 있을까요? 선생님이 모든 학생을 평등하게 대해야 하는데, 수업 시간에 발표 잘하고 시험 성적 좋은 학생들만을 '진짜 학생'이라고 하면 안 되겠지요?

　마찬가지로 고용되어 일하는 사람 모두가 노동자이지 타인으로부터 열심히 일했다는 평가를 받아야지만 노동자로 인정받을 수 있는 건 아니에요. 이처럼 근로자라는 말에는 노동자의 의무를 강요하는 뜻이 있기에 많은 사람들이 어떤 표현을 사용해야 하는지에 대해서 논쟁하고 있어요.

　왜 5월 1일이 기념일이 되었는지를 살펴보면, 근로자의 날을 노동자의 날로 바꾸자는 사람들의 입장을 이해할 수 있어요. 이날은 노동자에게 너무 많은 일을 시키지 말라고 항의한 사람들을 생각하는 날이에요.

　1886년 5월 1일, 미국 시카고에서 노동자들이 파업을 했어요. 왜냐하면 당시의 노동자들은 하루에 12시간 이상 일하는 게 너무 당연했기 때문이에요. 그래서 '8시간 노동'을 주장하면서 길거리에서 시위를 했어요. 이때 경찰의 진압에 6명이 사망하자 이에 분노해서 수십만 명이 함께 시위를 벌였어요.

그때부터 5월 1일은 노동자의 당연한 권리에는 많은 사람들의 희생이 있었음을 기억하는 날이 되었어요. 사회가 노동자를 제대로 대우하고 있는지를 성찰하자는 취지이지요. 그래서 근로자의 날보다는 '노동자의 날'이라는 표현으로 모든 노동자들을 가리켜야 한다고 주장하는 것이에요.

 사무실에서 일하는 사람은 노동자가 아닐까?

우리나라에서도 처음에는 '노동자'라는 말을 사용했어요. 하지만 박정희 정권이었던 1963년에 근로자라는 말로 변경했어요. 당시 국가는 경제 성장을 급속도로 추진하면서 노동자의 처우 개선보다는 공장의 생산품이 빨리 만들어지기만을 원했어요.

이를 위해서는 노동자들이 불만 없이 일을 해야만 했어요. 즉 국가는 모든 노동자가 아니라 '온순하고 부지런한 노동자'를 원했던 것이지요. 그래서 노동은 곧 성실해야 한다는 취지에서 용어를 바꿨어요.

하지만 당시의 노동자들 중에는 아무리 성실하게 일해도 힘들게 살아야 하는 사람들이 많았어요. 특히 공장에서 일하는 노동자들은 하루에 14시간이나 일을 했고 휴일에도 쉬지 못했어요. 제대로 된 급여도 받지 못했고 일터에서는 관리자들로부터 많은 폭력을 당해야만 했어요.

이를 항의하고자 1970년 11월 13일, 고작 22세의 나이로 자신의 몸에 불을 붙이고 "근로 기준법을 준수하라! 우리는 기계가 아니다!"라고 외쳤던 사람이 바로 전태일 열사예요. 새로운 법을 만들라는 것도 아니고 제발 법에 있는 규정대로 노동자들을 대해 달라는 말을 하면서 전태일 열사는 자신의 목숨마저 포기해야 했어요.

왜 힘든 일을 하는 노동자들에게는 당연한 권리가 보장되지 않았을까요? 그것은 한국 사회가 공장에서 일하는 노동자의 목소리에 귀를 기울여 주지 않았기 때문이에요.

당시에는 가정 형편이 어려워 대학에 진학하지 못한 사람들이 주로 스무 살이 되자마자 공장으로 취업하는 경우가 많았어요. 어떤 공장 관리자들은 가난하고 어린 사람들을 깔보면서 함부로 대했어요. 공장의 노동자들이 공장에서 쫓겨나면 다른 일을 구하기가 어렵다는 것을 알고 있었기 때문이에요. 그래서 많은 사람들이 부당한 대우를 받으면서 일을 했어요.

　노동자들은 정말 억울했지만 가족을 생각하며 참았어요. 자신은 힘들어도 자녀들만큼은 같은 일을 시킬 수 없다고 생각하고 이를 악물었지요. 그래서 당시 부모님들은 이런 말을 자주 했어요. "너는 나중에 공장에서 일하지 말고 다른 일을 해라." 그런데 좋은 뜻으로 하신 부모님의 말씀을 듣고 자란 자녀들에게는 고정 관념이 생겼어요. 노동자를 공장에서 일하는 사람만 가리킨다는 뜻으로 이해한 거예요.

　노동자의 모습을 한번 상상해 보세요. 아마 대부분이 안전모를 쓰고 작업복을 입은 사람이 '안전제일'이라는 글자 아래에서 일하는 모습을 생각했을 거예요. 우리들의 머릿속에 노동자는 육체적인 일을 하는 사람만을 가리킨다는 고정 관념이 뿌리 깊게 있기 때문이에요. 반대로 사무실에서 일하는 사람은 노동자가 아니라고 생각하고요.

　임금 노동자는 고용되어 임금을 받는 사실로만 구분되어요. 몸으로 일하는지 아닌지는 판단 요소가 될 수 없어요. 임금 노동자 중에는 공장이나 건설 현장에서 기계를 직접 만지며 일하는 생산직 노동자가 있어요. 주로 파란색 작업복을 입고 일한다고 해서 블루칼라 노동자라고도 해요. 그리고 사무실에서 서류를 작성하며 일하는 사무직 노동자가 있어요. 주로 하얀색 와이셔츠를 입는다고 해서 화이트칼라 노동자라고도 해요.

하는 일에 따라 직업을 나눌 수는 있어도 일이 힘든지 아닌지로 노동자를 판단하면 안 돼요. 이런 고정 관념을 갖고 있는 사무직 노동자가 되길 희망하는 사람들이 "나는 노동자가 되지 않을 거야."라고 말하기도 해요.

노동자가 될 텐데 노동자가 되지 않겠다고 하니 참 이상하지요? 이것이 왜 문제가 되냐면 마치 열심히 노력을 하면 사무직 노동자가 되고, 아니면 생산직 노동자가 된다는 인식을 심어 주기 때문이에요. 더 나아가서는 생산직 노동자가 부당한 대우에 항의를 하는 모습을 보고도 자신은 상관없다면서 외면하는 사람이 될 수 있고요.

모든 노동자에게 주어진 권리를 주장해도 어떤 일을 하는

지에 따라서 주변의 관심을 받지 못할 수도 있는 사회는 결코 좋은 사회가 아니에요. 그러니 장난으로라도 "나는 공부 잘해서 나중에 공장에서 하는 힘든 일은 하지 않을 거다."라는 식의 말을 해서는 안 돼요. 그 말은 지금 열심히 일하는 사람들에게 상처를 줄 수 있는 말이에요. 또한 무의식적으로 내뱉은 나의 말이 힘들게 일하는 노동자의 삶이 좋아지는 것을 방해할 수도 있다는 점을 명심해야 해요.

파업은 불법이 아니야

우리가 노동에 대해 오해하고 있는 것이 또 있어요. 그것은 많은 사람들이 파업을 나쁘게 생각하는 거예요. 파업은 노동자들이 자신의 권리를 보장받기 위해 집단적으로 동시에 하던 일을 멈추면서 항의를 표시하는 것이에요. 그런데 파업을 노동자의 이기심 때문에 발생한 것이라고 생각하는 사람들이 많아요.

물론 노동자들이 일을 동시에 그만두면 큰 혼란이 생겨요. 예를 들어 버스 운전 노동자들이 파업을 하면 많은 사람들이 원하는 곳에 제때 이동할 수 없어요. 방송국에서 일하는 피디나 기자들이 파업을 하면 부모님이 좋아하는 뉴스도, 여러분이 좋아하는 예능 프로그램도 방송되지 않아요.

청소 노동자들이 파업을 하면 길거리는 온통 쓰레기들로 가득해요. 특히나 자동차 공장 같은 큰 회사에서 파업을 하면 공장에 부품을 제공하는 다른 회사들마저 고스란히 피해를 보기도 해요.

하지만 대다수의 나라에서 파업을 노동자의 권리라고 헌법에 기록해 두었어요. 놀랍지 않나요? 왜 파업을 법이 보장할까요? 그것은 노동자가 약자라는 점을 인정하고 있기 때문이에요. 그래서 노동자를 고용한 사용자가 함부로 노동자를 대하지 않도록 하기 위한 장치이지요.

우리나라도 헌법 제33조 1항에 '노동 3권'을 명시하여 노동자의 인간다운 삶을 보장하고 있어요. 노동 3권은 단결권, 단체 교섭권, 단체 행동권을 말해요. 단결권은 노동자들이 사용자와 협상할 단체를 조직할 수 있는 권리예요. 법에 따라 사용자는 노동자의 단체 결성을 간섭할 수 없어요.

단체 교섭권은 노동자가 사용자와 협상을 할 수 있는 권리예요. 이때 사용자는 성실히 서로 뜻을 맞추기 위해 노력해야 해요. 이 과정에서도 노동자의 요구 사항이 반영되지 않으면 노동자들은 최후의 수단으로 파업할 수 있어요. 이를 단체 행동권이라고 해요.

파업에는 정해진 시간만 일하는 잔업 거부, 오전이나 오후에 한시적으로 파업하는 부분 파업 그리고 완전히 일을 멈추어 버리는 전면 파업이 있어요. 또 같은 업계의 파업을 지원하는 연대 파업도 있어요. 다른 노동자의 삶이 좋아지는 것이 곧 전체 노동자의 삶의 문제와 직결되기 때문에 이런 동조 파업도 합법이에요.

그런데 모든 파업이 합법적이지는 않아요. 노동자의 단체 행동은 일부의 의견만으로 이루어질 수 없어요. 찬반 여부를 민주적 절차에 따라 진행하여 구성원의 의견을 들어야 해요. 그리고 파업 의사를 사용자에게 통보한 후 일정 기간 동안은 서로의 요구 조건을 조정하기 위해 노력해야 해요.

 요구 조건은 노동자의 경제적 상황과 관련된 것이어야만 해요. 노동자들은 자신들의 삶에 영향을 끼치는 정부 정책이

나 회사 방침에 대해서 항의할 수 있어요. 하지만 회사의 모든 결정을 반대할 수 있는 건 아니에요. 폭력적인 방식으로 진행되어도 안 돼요. 노동자들이 자신의 공장의 문을 잠그고 시위를 할 수는 있지만 공장의 기계들을 파손하면 이는 불법이에요.

또한 파업을 할 경우 사회적 파장이 지나치게 큰 단체는 집단행동이 금지되어 있어요. 우리나라의 경우 공무원들이 대표적이에요. 공무원이 파업을 하면 국가 기능이 마비되어 위험한 상황이 초래될 수 있기 때문이에요. 하지만 이런 금지 조항이 노동자의 정당한 권리를 침해하는 것이라고 주장하는 사람도 많아요.

노동자의 파업이 부당할 때 사용자는 '직장 폐쇄'를 선택할 수 있어요. 직장 폐쇄는 법이 보장하고 있는 사용자들의 집단행동이에요. 한시적으로 회사의 운영을 중단한다는 뜻인데, 노동자들의 단체 행동이 시작된 다음에 선택할 수 있어요. 이후 노동자가 파업을 철회하면 다시 운영을 시작해요. 하지만 사용자는 노동자들의 정당한 요구에는 반드시 응해야 한다는 의무가 있기 때문에 직장 폐쇄는 그 이유가 인정될 때에만 할 수 있어요.

그렇다면 왜 우리나라 사람들은 헌법이 보장하는 노동자의 권리인 파업을 부정적으로만 생각할까요? 먼저 유교 문화의 영향이 있어요. 예전부터 우리나라에서는 노동을 신분이 낮은 사람이 하는 것으로 이해하는 경향이 강했어요. 그리고 각자 맡은 바에 불만 없이 최선을 다하는 것을 미덕으로 삼았어요. 이런 유교적 질서의 영향 때문에 파업을 하는 것을 마치 자기 일에 충실하지 않는 사람의 부당한 요구처럼 인식하는 경향이 지금에도 있어요.

하지만 더 큰 이유는 국가가 지금까지 노동자들의 기본권을 철저히 제한해 왔기 때문이에요. 앞서 살펴보았던 근로자라는 표현처럼 부지런한 노동자만을 원했던 국가는 파업이 국가의 경제 발전에 피해를 입힌다고 생각했어요. 그래서 파업하는 노동자들을 마치 국가에 해를 끼치는 나쁜 사람처럼 묘사한 경우가 많았어요.

특히나 언론에서는 파업이 끼친 손해만을 집중적으로 보도하는 경우가 많았어요. 버스 운전사가 파업을 하면 시민의 발목이 잡혔다, 자동차 회사가 파업을 하면 지역 경제의 타격이 크다 등으로만 보도하면서, 왜 노동자가 파업을 할 수밖에 없는지는 제대로 보도하지 않았어요. 그래서 많은 사람들이 파업하는 노동자를 이기적인 사람으로 생각하게 된 것이에요. 모든 파업이 나쁘지 않지만 그렇다고 좋은 것도 아니에요. 하지만 중요한 것은 절차에 따른 정당한 파업을 헌법이

보장한다는 사실이에요. 법이 보호하지 않으면 노동자의 삶이 참으로 힘들어질 수 있기 때문이에요. 그런 맥락에서 우리는 노동자의 당연한 권리인 파업을 지지하고 응원해 주어야 해요.

 **'집안일'이 아니라 '가사 노동'인 이유**

혹시 가사 노동을 파업한다는 말 들어 보았나요? 요즘 드라마나 뉴스에서 집안일을 파업한다는 주부들의 이야기가 나와요. 매일 같은 일을 해야 하는 주부들이 짧게나마 휴식을 취하고 싶을 때 가사 노동을 파업한다고 우스갯소리로 말해요.

우스갯소리라고 표현한 것은 이 파업이 정말로 노동자들처럼 어떤 절차에 따라 진행되는 것도 아니고 결국엔 다시 본인들이 일을 하기 때문이에요. 누구와 협상을 하는 것도 아니고 무엇보다도 애초에 보상이 없는 일이기 때문에 파업을 한다고 달라지는 것도 없어요. 말 그대로 지친 일상의 답답함을 그렇게 표현한 것이지요.

가사 노동이라는 말은 비교적 최근에 등장한 말이에요. 지금까지는 육아, 요리, 빨래 등을 노동이라고 인정하지 않았어요. 왜냐하면 일을 하고 보상을 받는 것만을 노동이라고 생각했기 때문이에요. 그래서 집에서 하는 일은 돈을 벌지 않으니 노동이 아니라 그저 단순한 일로 보았어요. 이런 이유에서 지금도 주부들을 '비경제 활동 인구'라고 불러요. 비경제 활동 인구는 일할 능력은 있지만 취업자도 실업자도 아닌 사람을 뜻하는데 가정 주부나 학생이 대표적이에요.

하지만 과연 집안일이 노동이 아닐까요? 아빠가 회사원이고 엄마가 주부라고 생각해 보세요. 아빠가 매일 아침 회사에 제때 출근해 하루 종일 일을 하기 위해서는 엄마의 노동이 필요해요. 엄마는 가족들의 아침 식사를 준비하고 자녀들을 학교에 보내요. 다음에는 청소와 장보기를 해야 하고, 학교에서 자녀들이 오면 간식도 만들고 함께 놀기도 해요. 그리고 다시 저녁 식사를 준비해요.

이 일을 하는 사람이 없으면 아마 우리는 일상생활에 큰 지장을 받을 거예요. 그런데 이 일을 아침에 출근해서 저녁에 퇴근하는 노동자가 한다는 건 불가능해요. 정해진 시간 없이 필요할 때 바로바로 해결해 주어야 하는 일이 가사 노동이니까요.

이처럼 집안일은 누군가의 노동을 도와주고 있기에 또 다른 노동이라고 보아야 해요. 하지만 가사 노동이 아니라 집안일이라는 표현은 마치 집에 있는 사람이 온갖 궂은일을 당연히 해야 한다는 인식이 심어질 수가 있어요. 그리고 과거부터 집안일을 여자가 많이 했다는 사실에 집안일은 여자의 영역

이라고 생각하기도 하고요. 부부가 함께 일하는 경우에도 가사 노동을 주로 여성이 전담하는 것은 이러한 고정 관념 때문이에요.

당연한 집안일이라는 것은 없어요. 노동자가 일터에서 무조건 희생하면서 일할 수 없는 것처럼 가사 노동을 하는 사람도 집안일이라는 이유로, 여자라는 이유로 모든 것을 희생해야 할 의무가 있는 것은 아니에요.

전업 주부들은 돈을 벌 능력이 없어서 집안일을 선택한 것이 아니에요. 결혼을 하지 않았으면 경제 활동 인구로서 활발하게 사회생활을 했을 텐데 이를 포기하고 가사 노동을 하고 있지요.

집안일이 아니라 가사 노동이라고 부르자는 이유는 실제로 급여를 지급해 달라는 뜻은 아니에요. 모든 노동에는 사회적 가치가 있듯이 가사 노동의 중요성을 제대로 인식하기 위해서 표현을 신중히 하자는 뜻이에요.

집안일이라는 표현은 여성을 누군가를 돌봐 주는 일을 하는 존재로 한정 지으면서 여성의 희생을 강요할 수 있어요. 이 고정 관념을 깨기 위해 우리들은 가사 노동이라는 말에 더 익숙해져야 해요.

비싼 노동과 싼 노동

나는 남양주에 사는 홍지유라고 해. 우리 아빠는 큰 가구 공장의 공장장이야. 공장에는 여러 사람들이 일해. 가구를 만드는 사람, 주문을 받거나 납품을 하는 사람, 세무 회계 업무를 보는 사람, 청소하는 사람, 식당에서 음식을 만드는 사람까지 모두 100명쯤 되는 것 같아.

대부분 한국 사람인데 가구를 만드는 사람 중에는 외국인 아저씨들도 있어. 한 10명쯤 되는데 모두 방글라데시와 필리핀에서 돈을 벌기 위해 한국에 왔어. 난 방글라데시에서 온 하미드 아저씨랑 가장 친해. 하미드 아저씨는 방글라데시에 나와 나이가 같은 아들이 있어. 아저씨는 어서 빨리 돈을 모아서 아들과 함께 사는 게 꿈이래.

지난겨울 방학 때 하미드 아저씨 아들이 한국에 눈을 보러 놀러 왔었어. 하미드 아저씨를 만나서 무척 기뻐하던 모습을 잊을 수가 없어. 아저씨와 자주 만날 수 있으면 좋을 텐데 무척 안타까워.

아빠는 하미드 아저씨의 월급이 많으면 좋겠지만 공장 사정이 좋지 않아서 월

급을 많이 줄 수 없대. 근데 우리 아빠 월급은 500만 원이야. 하는 일은 하미드 아저씨가 더 힘든 것 같은데 아저씨는 왜 160만 원을 받고, 아빠는 500만 원을 받을까? 아저씨가 외국인이라서 그런 걸까?

 노동, 어디까지 알고 있니?

　우리나라 노동자 중 돈을 가장 많이 버는 사람은 일 년에 약 243억 원을 벌어요. 반면 최저 시급을 받는 사람은 일 년에 약 1천 8백만 원을 벌지요. 자본주의 사회에서 모든 사람이 똑같이 돈을 벌 수는 없어요. 하는 일이 다르고, 개개인의 성과가 다르니까요.

　지유 아빠처럼 공장을 운영하는 사람은 피해에 대한 책임도 크기 때문에 회사의 이익을 더 많이 가져가요. 하지만 일자리에 따라 소득의 격차가 지나치게 벌어지는 것도 문제예요. 왜냐하면 소득으로 사람을 무시하거나 차별하는 경우가 있기 때문이에요.

　그래서 소득 격차를 크게 벌리지 않기 위해서 노력을 하는 나라들이 많아요. 이런 나라들은 누가 돈을 많이 버는지보다 평범한 사람들이 행복하게 살 수 있는 급여를 받는지에 관심이 더 많아요. 누구라도 재산과 소득에 따라 차별받지 않아야 한다고 생각하기 때문이에요.

 노동자에게 최소한으로 보장되어야 하는 임금은 얼마일까? 우리나라에서 최저 임금을 받고 살아가는 사람들은 얼마나 될까?

 ## 자본주의 사회에서 일한다는 것

제임스 와트

제임스 와트가 누군지 알고 있나요? 영국에서 기계 수리공으로 일하던 와트는 1775년 기존의 증기 기관을 대폭 개선해서 산업 혁명을 촉발시켰어요. 증기 기관은 처음에는 탄광에서 석탄을 끌어올리는 데에만 사용되었지만 이후 모든 생산 시설에 적용되었지요. 그전까지는 바람이나 물을 이용하여 동력을 얻는 수준이었는데 와트의 증기 기관이 등장하면서 여러 대의 기계가 한곳에서 동시에 움직이게 되었어요.

그러자 물건을 만드는 데 걸렸던 시간이 엄청나게 단축되는 놀라운 일이 발생했어요. 이 기술은 배와 기차의 엔진에도 사용되면서 사람들은 더 빠르게, 더 멀리까지 이동할 수 있게 되었어요. 산업 혁명은 인류에게 가장 큰 변화를 가져온 사건 중 하나예요.

물질적인 변화만 있었던 건 아니에요. 산업 혁명은 새로운 집단을 등장시켰어요. 바로 공장의 기계를 소유한 자본가라는 사람들이에요. 이전에는 성직자나 귀족이 사회의 지배 집단이었어요. 또 대부분이 농사를 짓고 살았으니 토지를 소유한 영주도 힘이 막강했지요.

하지만 산업 혁명 이후 공장의 주인이나 기계를 소유한 이들의 영향력이 매우 커졌어요. 재료를 가공하여 물건을 만들 수 있는 공장 혹은 장비들을 생산 수단이라고 해요. 이 생산 수단은 가격이 비싸기에 일부의 사람들만이 소유할 수 있었어요.

생산 수단을 보유할 수 없는 보통 사람들은 자본가에게 고용되어 일을 하고 돈을 받았어요. 전에는 친족들끼리 농사를 짓거나 가내 수공업으로 생활에 필요한 물자를 소량으로 만들던 사람들이 산업 혁명 이후부터 정해진 시간에 공장에서 함께 일을 했어요.

큰 기계의 움직임에 따라 여러 사람이 분업화된 일을 하니 이전에 비해 생산량이 폭발적으로 늘었어요. 이를 대량 생산이라고 해요. 자본가들은 이렇게 생산된 제품을 시장에 팔아서 돈을 벌어요. 이 돈에서 노동자들의 인건비와 공장 유지비를 제외한 돈을 '이윤'이라고 해요. 이처럼 자본가가 자본을 투자해서 더 큰 자본을 얻는 시스템을 자본주의라고 해요.

자본가를 경영자 혹은 CEO라고도 해요. 이들이 이윤을 목적으로 만든 조직을 기업이라고 하고요. 기업은 공장에서 생산물을 직접 만들고 관리하는 조직만을 가리키지는 않아요. 여러분이 좋아하는 놀이공원이나 부모님을 따라가는 대형 마트도 자본주의 시스템에 따라 운영돼요.

놀이공원의 경영자는 이용객들에게 비용을 받아 이윤을 남겨요. 대형 마트의 경영자는 제품 가격과 판매 가격에 차이를 둬서 이윤을 남겨요. 은행도 기업이에요. 사람들이 저축한 돈을 다른 사람이나 기업에 빌려주고 이자를 받아서 이윤을 남기기에 금융 기업이라고 해요.

자본주의는 오늘날 많은 나라에서 받아들이고 있는 경제 체제예요. 그래서 산업 혁명을 자본주의 시대로의 거대한 전환을 가능하게 한 사건이라고도 해요.

그런데 자본주의 사회에서는 새로운 문제점이 등장했어요.

기업들은 이윤을 많이 남기기 위해 노동자들이 일을 더 많이 그리고 더 빠르게 하길 원했는데, 이 과정에서 노동자들을 마치 일만 하는 기계처럼 대하는 경우가 많아졌어요.

농사를 지을 때는 한 사람이 씨앗을 뿌리는 것부터 수확까지 생산물이 만들어지는 전 과정에 참여했어요. 가내 수공업을 통해 낫을 만든 사람이라면 낫에 대한 전문가일 수밖에 없어요. 하지만 공장에서는 커다란 컨베이어 벨트 앞에서 종일 같은 자제로 같은 일만 반복해요. 낫을 만드는 공장에서 일해도 실제로 노동자는 낫의 한 부분만을 만들 뿐이에요.

물론 낫이 대량 생산되면 가격이 저렴해지니 많은 사람들이 쉽게 도구를 구입할 수 있게 된 장점도 있겠지만, 그 이면에는 사람이 노동의 주인이 아니라 부차적인 존재가 된다는 단점이 있어요. 이처럼 사람이 일을 하면서 기계처럼 다루어지는 경향을 '노동의 소외 현상'이라고 해요.

어떤 사람은 예전보다 편해졌으니 자본주의가 좋은 것이 아니냐고 하지만 사람은 로봇이 아니에요. 기계처럼 버튼을 누르면 자동으로 빨라지고 오랜 시간 동안 꿈적하지도 않는다는 건 사람에겐 불가능해요.

노동자는 돈을 받는 사람이니 어쩔 수 없다고 생각할 수도 있어요. 하지만 자본가는 사람의 노동하는 능력을 일정 시간 동안 빌린 것이지 사람의 인격조차 구입한 게 아니에요. 그래서 노동자들은 일을 하면서 정당한 대우를 받을 권리가 있어요. 그중 대표적인 것이 바로 제대로 된 보상, 즉 임금이에요.

 **정당한 대가를 받아야 해**

사람들이 노동을 하는 첫 번째 이유는 생계를 유지하기 위함이에요. 이 말은 모든 노동에는 생계가 유지될 수준의 보상이 이루어져야 한다는 말이에요. 얼마나 힘든 일인지, 그 일을 하려는 사람들이 얼마나 많은지에 상관없이, 모든 노동자들은 시대에 어울리는 삶을 살아갈 임금을 정해진 날짜에 현금으로 받아야 해요.

물론 노동은 그 일을 할 수 있는 사람이 많은지 적은지에 따라 임금이 달라져요. 우주 비행사가 되기 위해서는 많은 시간을 투자해야 하고, 고된 훈련도 견뎌야 해요. 의사나 변호사가 되기 위해서는 열심히 공부해서 자격증을 따야 하고요. 이처럼 누구나 쉽게 선택할 수 없는 직업들은 대체로 임금이 높아요. 반대로 제한된 일자리에 많은 사람들이 서로 하겠다고 몰리면 임금이 낮아져요.

자본주의 사회에서 노동자들의 소득이 같을 수는 없어요. 하지만 소득에 차이가 있다고 해서 어떤 사람이 생활조차 제대로 하지 못할 수준의 임금을 받는다면 그건 분명 문제가 있어요. 모든 노동자가 의사와 변호사처럼 많은 돈을 벌 수는 없지만, 어떤 노동자라도 자신은 물론이고 자신이 부양하는 가족들이 인간답게 살아갈 임금을 받을 권리가 있어요.

그렇다면 인간다운 삶이란 무엇일까요? 단지 가족들이 삼시 세끼 굶지만 않는다면 행복할 수 있을까요? 과거에는 그랬을지 모르지만 현대 사회에는 배고픔만 해결된다고 행복이 보장되지 않아요.

여러분은 어떤가요? 때론 만화책을 읽고 싶지 않나요? 가족과 함께 여행도 가고 싶지 않나요? 친구들과 게임을 하고 싶지는 않나요? 만약 이런 것들을 전혀 할 수 없다면 굉장한 소외감을 느낄 수밖에 없을 거예요.

현대 사회를 살아가는 사람들은 먹고사는 문제가 해결되어야 하고, 문화생활을 적절하게 할 필요가 있어요. 어쩌다가 영화를 보고 가족 여행을 가는 것은 21세기에는 결코 낭비가 아니에요. 이런 경험이 없어도 살 수는 있겠지만 행복하지 않을 거예요.

성인이 되어서 휴대 전화기를 가지는 것을 정보화 사회에서 사치라고 할 수 없어요. 다른 사람과 빠르게 연락을 취하는 것은 현대 사회에서 필수이기 때문이에요. 그렇기에 노동자들은 최소한 그 시대에 맞게 생활할 수 있는 임금을 받아야 해요.

얼핏 기업의 입장에서는 이윤을 위해서 노동자의 임금을 적게 주는 게 당연하다고 생각할 수도 있어요. 하지만 노동자들이 안정적인 직장 생활을 하면 기업도 좋아요.

1914년 미국의 포드 자동차 회사는 노동자들의 일급을 기존의 2.3달러에서 5달러로 2배 이상으로 인상했어요. 포드 회사를 설립한 헨리 포드는 자신의 노동자들이 곧 자동차를 사는 소비자라고 생각했어요. 노동자들을 일을 해서 받은 돈으로 밥만 겨우 먹고사는 것이 아니라, 저축도 하고 모은 돈으로 자동차도 살 수 있어야지만 기업이 성공한다고 여겼지요. 결국 노동자가 안정적일수록 사회 전체의 경제가 좋아지는 셈이에요.

게다가 급여에 만족하는 노동자는 쉽게 회사를 그만두거나

임금 인상   품질 향상   매출 증가

옮기지 않아요. 그러니 일의 숙련도가 높아질 수밖에 없었고 그 결과 자동차의 품질도 더 좋아졌어요. 이는 기업을 신뢰하는 사람이 많아지는 좋은 결과를 만들어 내요.

그래서 노동자들에 대한 최소 대우는 법적으로 보장되고 있어요. 대표적으로 최저 임금제가 있어요. 어떤 노동을 하더라도 최저 임금 이하의 임금을 줄 수 없다는 규정이에요.

우리나라는 헌법 제32조 1항에 따라 최저 임금제를 실시하고 있어요. 우리나라의 최저 임금은 2018년 기준으로 시간당 7530원이에요. 매년 오르고 있지만 행복한 삶을 위해서 아직도 미흡하다는 평가가 많아요.

노동자가 갑자기 일을 못하면 본인과 부양가족의 삶이 어려워지니 이에 대비한 사회 제도도 있어요. 한 회사에서 오래 일한 노동자라면 퇴직금을 받을 수 있어요. 퇴직금은 1년 이상 일을 할 경우 한 달 정도의 급여를 추가로 받는 것이에요. 한 회사를 10년 동안 다닌 노동자가 일을 그만두게 되면 회사는 퇴직금으로 10개월 치의 급여를 지급해야 해요. 또 회사를 그만두고 다른 일자리를 찾는 동안에는 실업 급여도 받을 수 있어요.

노동자가 제대로 보상을 받지 않으면 사회가 잘 돌아가지 않아요. 노동자가 열심히 일을 했음에도 본인과 가족의 삶이 나아지지 않는 사회에서는 누구도 희망을 가지지 못해요. 잘 살 수 있을 거라는 미래에 대한 기대가 없으면 노동자는 성실히 일하기가 힘들어요.

그런데 보상만 제대로라면 노동자들은 행복할까요? 만약 부모님이 돈을 번다는 이유로 매일 새벽에 나가 밤늦게 돌아온다면 어떨까요? 일한다는 이유로 가족과 식사조차 하기 어렵다면, 과연 그 노동자는 행복할까요?

 쉬어야 할 권리

배터리 용량이 부족해지면 제품의 작동이 잘 안 될 때가 있지요? 사람도 마찬가지예요. 노동자들이 제대로 쉬지 않고 일을 하면 배터리가 부족한 기계처럼 무기력해져요. 현대 사회에는 이런 아픔을 호소하는 사람들이 많아졌어요. 이를 '번아웃 증후군'에 걸렸다고 해요.

'번아웃'(burn-out)은 '불타 버린다'는 뜻이에요. 부모님이

번아웃 증후군이라고 생각해 보세요. 평소에는 가족과 대화할 힘도 없고 주말에는 잠만 잔다면 속상하겠지요? 노동자에게 휴식이 중요한 이유는 본인은 물론이고 주변 인물에게도 영향을 미치기 때문이에요.

개미와 베짱이 이야기를 들어 본 적 있나요? 성실하게 목표를 향해서 한발 한발 최선을 다하는 개미와 놀기 좋아하는 베짱이 중 누가 행복한 결과를 얻게 되었는지 한 번쯤 들어 봤을 거예요.

이 이야기는 오랫동안 노동의 성실함이 왜 중요한지를 알려 주는 교훈으로 소개되었어요. 그래서 '일벌레'라는 말도 매우 부지런한 사람을 칭찬하는 말이었어요.

하지만 최근에는 더 이상 개미처럼 살아서는 안 된다는 주장에 많은 사람들이 공감하고 있어요. 베짱이처럼 여가를 즐기는 것이 행복한 삶을 위해 무엇보다 필요하다고 생각하기 때문이지요.

특히 우리나라는 노동자들이 일을 너무 많이 하다가 죽는 '과로사' 사건이 종종 뉴스에 등장할 만큼 업무량이 많아요. 2016년도 기준으로 우리나라는 OECD 회원국 중 세 번째로 일을 많이 하고 있어요. 1년에 2069시간을 일하고 있는데, 독

일의 노동자들은 1년에 1363시간을 일을 하니 그 차이가 정말 크지요?

어떤 사람들은 노동자가 오랫동안 일하는 것을 미덕이라고 생각해요. 일을 오래 하는 것을 성실함의 징표처럼 보기도 하는데 잘못된 생각이에요. 과로는 일자리에 적절한 인원이 배치되어 있지 않기에 나타나는 현상이에요.

만약 10명이 일해야 하는 일터에 5명만이 고용되면 어떤 일이 벌어질까요? 노동자 1명이 해야 될 업무가 배로 늘어나 겠지요? 기업이 일할 사람을 더 뽑지 않고 원래의 노동자들에게 더 많은 일을 시켜서 이윤을 창출하는 것은 바람직하다고 할 수 없어요.

기업들은 이윤을 위해서 어쩔 수 없다고 하지만 노동자가 일을 많이 하게 되면 기업에는 득보다 실이 많아요. 왜냐하면 노동자들이 일을 많이 하게 되면 몸과 정신이 피곤해져 집중력이 저하되고, 그 결과 실제 능률은 상당히 떨어지기 때문이에요. 8시간에 끝낼 수 있는 일을 10시간에 걸려서 하면 피로가 누적되고 이는 다음 날에도 영향을 미쳐요.

특히 공장에서 일하는 생산직 노동자의 경우는 무척이나 위험할 수 있어요. 기계가 돌아가는 속도에 맞추어 손을 움직여야 하는 작업장을 생각해 보세요. 노동자가 깜빡 정신을 놓치면 큰 사고가 날 수 있어요.

사람의 생명을 다루는 직업을 가진 사람이 매일 피곤한 상태라면 어떨까요? 의사가 너무 많은 일을 해서 수술 중에 실수를 한다고 생각하면 아찔하지 않나요? 이처럼 노동자가 제대로 쉬지 않고 일을 하게 되면 더 큰일이 발생할 수 있어요.

노동자는 법으로 일하는 시간을 보장받아요. 우리나라는 특별한 업종을 제외하고는 평일에는 8시간 이상 일할 수 없어요. 1주일에는 40시간까지만 가능해요. 그 이상의 일하게 될 경우, 회사는 노동자에게 초과 수당을 지급해야 해요. 이 경우에도 노동자는 주 52시간을 초과해서 일을 할 수 없어요. 하지만 많은 노동자들이 밤 늦게까지 일하는 경우가 많아요.

휴가도 1년에 15일이 보장되어 있지만 노동자들의 실제 휴가 일수는 1년에 10일 정도에 불과해요. 이는 우리나라가 휴가조차 아껴 가며 일하는 사람을 칭찬하는 경향이 강하기 때문이에요.

사람은 누구나 노동을 피할 수 없지만, 노동을 위해서 태어난 존재가 아니에요. 사람들이 열심히 일하는 이유는 일상이 더 행복해지기 위함이에요. 그렇기에 사회는 노동자가 일상의 행복을 유지할 수 있도록 충분한 휴식을 보장해야 해요.

 ## 노동자를 지켜 줄 단체가 필요해

여러분은 학교생활에 만족하나요? 100% 만족하는 사람은 없을 거예요. 학교 앞 도로에서 과속하는 차들 때문에 횡단보도 건너는 것이 무섭기도 할 테고, 학교 운동장이 너무 딱딱해서 신나게 뛰어노는 것이 힘들 수도 있겠지요. 또는 친구나 선생님이 여러분의 신체를 특정 삼아 농담을 할 때 불쾌한 기분이 들기도 했을 거예요.

안전하게 학교를 다니는 것, 수치심이 생기는 말을 듣지 않는 것은 학생으로서의 당연한 권리예요. 그래서 이 권리를 지켜 달라고 주장하는 것은 당연해요. 하지만 주장을 한다고 모든 것이 받아들여지지는 않아요. 특히나 혼자 교장 선생님을 찾아가서 불만을 제기하려면 아마 만남조차도 쉽지 않을 거예요. 반면 학생회에서 의견이 모아져 학생 대표가 학교에 건의 사항을 전달하면 훨씬 효과가 클 수 있어요.

노동자도 마찬가지예요. 노동자가 혼자서 기업을 상대로 부당한 대우에 항의하는 것에는 한계가 있어요. 그래서 노동자를 도와주는 단체가 필요해요. 이 필요에 따라 노동자들끼리 결성한 단체를 '노동조합'이라고 해요. 노동조합은 사용자에게 여러 건의를 할 수 있어요. 법적으로 인정받은 노동조합에 대해서는 사용자가 반드시 대화에 응해야 하는 의무가 있기 때문이에요.

노동조합은 산업 혁명의 출발지였던 영국에서 처음 생겼고, 이후 독일과 미국에서도 등장했어요. 우리나라에서는 1987년에 노동자들이 열악한 대우에 집단적으로 항의한 '노동자 대투쟁' 사건 이후에 노동조합의 중요성을 인식하게 되었어요. 지금은 노동조합법에 따라 정당한 지위를 부여받고 있어요. 물론 조합원 대표를 선출하고 의견을 모으고 사용자와 협상할 안건을 정하는 일은 반드시 민주적 절차에 따라 진행되어야 해요.

오바마 전 미국 대통령은 지난 2015년 노동자의 날 기념 연설에서 이런 말을 했어요. "내 가족의 생계를 보장할 좋은 직업을 원하는가. 누군가 내 뒤를 든든하게 봐주기를 바라는가. 나라면 노조에 가입하겠다."

노동자가 정당한 급여를 받기 위해서는, 제대로 쉬기 위해서는, 또 이런 권리가 지켜지지 않았을 때 강력히 항의하기 위해서는 노동조합이 필요하다는 뜻이에요. 하지만 대통령이 일부러 이런 연설을 한다는 것은 현대 사회의 노동자들이 노동조합의 도움을 받지 못하는 경우가 많기 때문이에요. 무엇보다 기업이 노동자들의 노동조합 결성을 환영하지 않아요.

기업 입장에서는 노동자의 요구를 들어주는 것이 부담일

수 있어요. 또 파업이 이루어지면 큰 경영 손실이 발생하는 것도 걱정이고요. 대기업 '삼성'의 창업자였던 이병철 회장은 "내 눈에 흙이 들어가기 전에는 노조를 인정할 수 없다."라고 말했을 정도였지요.

한국의 전체 노동자 중 노조에 가입한 경우는 요즘에도 10%를 조금 넘는 수준이에요. 특히 비정규직 노동자들은 노동조합 가입에 눈치를 볼 수밖에 없어요. 비정규직 노동자는 1년이나 2년으로 계약 기간이 정해져 있어요. 매번 회사와 재계약을 해야지만 다시 일을 할 수가 있지요.

이때 노동조합에 가입한 사람들을 회사는 다시 채용하지 않는 경우가 많아요. 그러니까 혹시나 모를 불이익을 걱정해서 노동조합 가입을 꺼릴 수밖에 없어요. 그런 이유에서 비정규직 노동자의 노조 가입률은 정규직 노동자에 비해 10분의 1 정도에 불과해요.

대형 마트에서 계산을 담당하는 노동자들을 본 적 있나요? 손님이 없을 때는 의자에 앉아 있기도 해요. 이 의자에 앉을 수 있는 자유가 허락된 것도 노동조합이 계속 요구를 했기 때문이에요. 그전까지는 개인이 아무리 불만 사항을 말해도 "근무 태도가 불성실하다.", "다른 사람은 괜찮은데 왜 너만 그러

느냐."라며 무시를 당했어요.

　이처럼 노동조합은 노동자의 힘을 키워 줘요. 기업에 노동조합이 자연스럽게 조직되어 있을수록, 또 노동자들이 노동조합 가입률이 높을수록 그 사회는 상대적으로 평등해요. 무엇보다 직업에 따른, 지위에 따른 노동자들의 소득 격차가 크지 않아요.

소득 격차가 크지 않은 사회는 어린이들의 장래 희망이 굉장히 다양해요. 어떤 일을 하더라도 가난하지는 않을 거라는 확신, 만약에 무슨 일이 발생하더라도 노동자를 함부로 내치지 않는다는 확신이 있으니까 돈보다 적성에 따라 미래를 준비할 수 있어요.

하지만 한국의 어린이들의 장래 희망은 다양하지 않아요. 그 이유는 바로 한국 사회의 노동자들이 너무나 힘들게 살고 있기 때문이에요. 다음 장에서는 우리나라가 노동자들을 어떻게 대했는지, 노동자들은 어떻게 살아왔는지 살펴볼게요.

좋은 노동자와 나쁜 노동자

안녕? 나는 런던에 사는 차선준이야. 작년까지 서울에 살았는데 유학을 하게 된 부모님을 따라 런던으로 이사 왔어. 아직 런던에 적응하고 있어서 모든 것이 낯설고 신기해.

우리 가족은 아직 차가 없어서 주로 지하철을 타고 다니는데, 어떤 정류장은 정차하지 않고 그냥 지나치는 날도 있어. 엄마가 그러는데 정류장의 승무원들이 파업을 해서 그런 거래. 런던 지하철은 파업을 무척 자주해. 저렇게 파업을 자주하면 월급은 어떻게 받고, 해고는 당하지 않는지 걱정이 될 정도야. 엄마 말로는 우리나라와 달리 런던에서는 파업이 당연한 노동자의 권리로 받아들여지고 있어서 큰 문제가 되지 않는대.

엄마 친구는 예전에 파업을 했다는 이유로 해고를 당했었어. 뉴스에도 나왔는데 KTX 승무원들이 회사의 요구를 받아들이지 않자 파업을 이유로 한꺼번에 해고했었지. 한국의 노동자는 아무리 열심히 일해도 파업을 이유로 해고당하거나 여러 가지 불이익을 당하는데, 런던의 노동자는 전혀 그렇지 않아. 오히려 권리

를 위해 투쟁하는 사람이 에너지가 넘치는 건강한 노동자라고 생각해.
 똑같이 파업을 했는데도 한국에서는 나쁜 노동자로, 런던에서는 좋은 노동자로 생각되는 게 이상하지 않니?

노동, 어디까지 알고 있니?

 사회적으로 힘이 있는 사람들은 자신의 주장을 내세우기가 비교적 수월해요. 권력을 가진 만큼 귀 기울여 주는 사람들이 많거든요. 하지만 힘이 없는 사람들은 어떨까요? 아무리 옳은 주장을 해도 받아들여지는 경우는 거의 없어요. 1인 시위를 하는 사람들을 생각해 보세요. 관심이 가긴해도 금세 잊히기 쉬워요. 하지만 촛불 집회 때처럼 여럿이 모여서 주장을 하면 힘을 얻을 수 있어요.
 파업도 마찬가지예요. 혼자서는 힘이 없기 때문에 여럿이 함께 주장하는 것이지요. 그러니까 파업을 나쁘게 생각하면 안 돼요. 파업은 힘이 없는 사람들을 위해 법이 정해 놓은 정당한 자기주장의 방법이니까요.

파업 말고 노동자들이 권리를 주장할 수 있는 방법에는 무엇이 있을까?
우리는 파업하는 노동자들을 어떻게 바라보아야 할까?

 경제 성장의 주춧돌이었던 노동자들

　우리나라는 세계의 여러 가난한 나라들을 도와줄 만큼 경제력이 강해요. 하지만 불과 수십 년 전만 해도 한국은 여러 나라로부터 도움을 받는 나라였어요. 일제 강점기 때는 많은 자원을 수탈당했고, 6.25 전쟁에서는 나라의 중요한 산업 시설들이 붕괴되었기 때문이에요.

　이후 가난한 대한민국은 경제 규모 세계 11위가 될 정도로 엄청난 성장을 했어요. 원조를 받던 나라에서 원조를 하는 나라가 된 거예요. 우리나라는 농경 사회에서 산업 사회의 모습으로 탈바꿈하는 시간이 가장 빠른 나라 중 하나예요.

　짧은 시간에 급격히 성장한 우리나라를 보고 '한강의 기적'을 이루었다고 해요. 이 표현은 독일이 2차 세계 대전에서 패배한 후 몰락한 나라를 빠르게 복구시키면서 '라인강의 기적'을 달성했다는 말에서 따온 거예요.

　대개 경제 성장은 나라의 전체적인 시스템이 변화하면서 천천히 이루어져요. 그래서 단번에 경제가 성장한다는 것은 참으로 놀라운 사건이에요. 특히 별다른 기술을 보유하지 못했던 우리나라의 성장은 더욱 그렇지요. 지금은 우리나라가

스마트폰도 잘 만들고 컴퓨터도 잘 만든다는 사실을 알고 있지요? 이는 '반도체 기술'이 워낙 뛰어나기 때문에 가능한 것이에요.

그런데 이 반도체 기술은 하루아침에 완성된 게 아니에요. 많은 사람들이 오랫동안 교육을 받아야 함은 물론이고, 실패를 거듭하면서도 연구를 계속할 수 있는 안정적인 지원이 필요해요. 즉 가정과 나라에 돈이 든든하게 있어야지 가능한 일이지요.

예전에는 이럴 수 없었겠지요? 대부분이 농사를 지으며 살았으니 교육에 대한 관심도 낮았고, 또 나라의 돈이 없으니 연구에 필요한 장비도 없었어요. 기술이 없는 상황에서 경제 성장을 위해 우리나라가 선택한 전략은 특별한 기술이 필요 없는 저가 제품을 대량으로 만들어 수출 경쟁력을 갖추는 것이었어요. 당시의 대표적인 수출품이 섬유, 봉제, 가발, 신발 등이었어요.

하지만 경제 성장만을 최고로 여기는 사회에서는 여러 부작용이 발생해요. 저가 제품의 대량 생산에는 노동자의 육체노동이 굉장히 중요해요. 노동자들은 강압적인 분위기에서 기계처럼 일을 했어요. 그런 반면 노동자의 인권은 제대로 보장되지

않았어요.

나쁜 공장에서는 노동자들에게 식사 시간도 제대로 주지 않았어요. 심지어 점심 식사 때 국을 마시면 오후 시간에 화장실에 자주 갈 수 있다면서 식사에서 국을 제외하기도 했어요. 이처럼 당시의 일터에서는 권위주의적 방식의 통제가 심했어요.

이렇게 강압적으로 노동자가 통제된 이유가 있어요. 우리나라의 경제 성장에는 '독재'라는 정치적 상황과 연관이 있어요. 박정희, 전두환 대통령은 외형적인 경제 성장을 지나치게 강조했어요. 왜냐하면 이 대통령들은 민주적 절차를 무시하고 쿠데타로 정권을 잡았기에 국민들에게 자신이 왜 정당한 지도자인지를 하루빨리 납득시켜야 했기 때문이에요. 경제 성장을 위해서 강력한 리더십의 지도자가 필요했다는 인식을 심어 주려고 했던 거예요.

사람들은 우리나라의 외형적 성장을 보면서 만족했어요. 재래식 화장실에서 볼 일을 보다가 수세식 화장실을 사용한다는 건 놀라운 일이었거든요. 비포장도로가 아스팔트로 변하고 버스가 다니면서 반나절이 걸리던 이동 시간이 확 줄어드는 것을 눈으로 목격하면서 사람들은 우리나라가 좋아지고 있다고 생각했어요. 그래서 노동자의 삶이 아무리 힘들어도 국가

발전을 위해서 꾹 참는 것을 당연하다고 여겼어요.

하지만 우리나라는 한 번에 와르르 무너질 수 있는 모래성을 쌓고 있었어요. 뼈대가 튼튼하지 않은 집은 비바람이 몰아치면 무너질 수밖에 없겠지요? 실제 그런 일이 1997년에 생겼어요. 40여 년을 앞만 보고 달려가던 한국 경제는 1997년 IMF 외환 위기를 맞으면서 한순간에 곤두박질쳤어요.

서민의 삶을 송두리째 바꿔 버린 IMF 외환 위기

나라의 경제는 단순히 사람들이 열심히 일하고 저축 잘 해서만 성장하는 것이 아니에요. 경제는 여러 나라를 상대로 교역을 하는 것이기 때문에 변화하는 국제 상황에 많은 영향을 받아요. 국가는 여러 위기에 대처할 수 있는 방안을 마련해 두어야 해요. 예를 들어 석유 공급이 원활하게 되지 않아 가격이 폭등할 것을 대비하여 국가에서는 가격이 오르기 전에 많은 양의 석유를 사들여 비축하고 있어요.

세계의 공통 화폐로 사용되는 달러도 국가가 비축하고 있어야 해요. 달러의 시세가 급격히 변동을 하면 수많은 기업들이 힘들어질 수 있어요. 예를 들어 1달러에 800원이라 생각하고 100달러에 물건을 구입할 계약을 맺었는데 한순간에 1달러가 2천 원으로 오르면 어떻게 될까요? 기업은 8만 원이 아니라 20만 원을 마련해야 하니 자금난에 시달리게 돼요. 돈이 없으면 은행에서 빌린 돈을 갚지 못하게 되고 결국에 부도가 나지요. 그래서 나라가 안정적으로 유지되기 위해서는 적당량의 달러가 국가의 금고에 있어야 해요.

하지만 1997년 당시 우리나라는 세계의 경제 흐름을 예측하는 데 실패했어요. 그래서 IMF라는 국제기구에 돈을 빌려야 했지요. IMF는 돈을 빌려주는 대신 다시는 모래성처럼 한국 경제가 무너지지 않도록 개선하라고 요구했어요.

IMF에서는 기업들의 덩치가 너무 크면 위기에 잘 대처하지 못한다면서 기업 규모를 줄이기를 권고했어요. 이 지시를 이행하면서 빌린 돈을 다 갚은 2001년까지를 IMF 외환 위기 시절이라고 해요.

IMF 외환 위기는 6.25 전쟁 이후 대한민국의 최대 사건이라 할 만큼 국민들에게 많은 영향을 끼쳤어요. 특히 노동자들의 삶은 상상을 초월할 정도로 힘들어졌어요. 여러 기업들이 동시에 부도가 나면서 퇴직금 한 푼도 받지 못하고 일자리를 잃어버린 사람들이 많았어요. 부도가 나지 않은 회사도 경영의 어려움을 이유로 많은 사람들을 해고했어요.

당시 실업률은 그전에 비해 3배 이상으로 치솟았어요. 그나마 모아 둔 돈이 있는 사람들은 작은 식당이나 가게를 차려 생계를 유지하려고 했어요. 하지만 나라 전체의 경제가 얼어붙었으니 돈을 쓰려는 사람도 없었어요. 그래서 어렵게 장사를 시작했지만 폐업하는 경우가 많았어요. 당시에는 노숙자가 정말 많았어요. 기차역 광장에서 무료 급식이 제공되면 이를 먹으려는 사람들의 줄이 끝이 없을 정도였어요.

이처럼 IMF 외환 위기는 나라의 경제 위기가 평범한 사람들을 얼마나 고통스럽게 하는지를 보여 주었어요. 힘들어 하던 많은 사람들이 스스로 목숨을 끊기도 하여 우리나라의 자살률도 이때를 기점으로 높아졌어요. 그 영향으로 지금도 우리나라는 자살률이 세계 1위예요. 가족들이 뿔뿔이 흩어져야 하는 경우도 많았으니 정말 전쟁과 비슷한 사건이라 할 만하지요?

그렇다면 IMF 외환 위기를 극복한 지금에는 우리나라의 노동자들이 좀 살 만해졌을까요? 아니에요. 오히려 경제 구조 자체가 노동자가 힘들어질 수밖에 없게끔 달라졌어요.

먼저 기업이 노동자를 쉽게 해고할 수 있는 환경이 조성되었어요. 이를 '노동의 유연성'이라고 해요. 기업은 인원 감축을 하지 않으면 다시 외환 위기 시절로 돌아갈 수 있다면서 요즘에도 때때로 명예 퇴직 형태로 직원 수를 조절해요.

노동의 유연성에 대해서는 논란이 많아요. 기업이 부도나면 일자리 자체가 사라지기 때문에 경영자가 자유롭게 노동자를 해고할 수 있어야지 회사가 생존한다는 주장과, 기업의 상황이 악화된 책임을 노동자에게 전적으로 물을 수 있는가 하는 주장이 팽팽히 맞서고 있기 때문이에요. 또한 정년이 보장된 노동자를 쉽게 해고할 수 없는 것을 마치 경직된 것처럼 느끼게 하는 유연성이라는 표현에 대해서도 서로 간의 입장은 완전히 달라요.

비정규직 노동자가 급증하게 된 시기도 이때부터예요. 비정규직 노동자는 별다른 이유가 없으면 정년이 보장되는 정규직 노동자와는 다르게 짧은 기간에 임시적으로 일하는 형태라서 기간제 근로자라고도 해요. 외환 위기 이전에는 일자리의 대부분이 정규직이었어요. 하지만 이제는 전체 노동자 중

비정규직 노동자가 30%가 넘을 정도로 많아요.

기업이 비정규직 노동자들을 선호하는 이유는 언제든지 해고할 수 있기 때문이기도 하지만 급여 자체가 낮기 때문이에요. 정규직은 연차에 따라 급여가 올라요. 예를 들어 10년 회사를 다니면 처음보다 훨씬 높은 급여를 받아요. 물가도 오르고 노동자가 가장이라면 가족 부양비도 오르니 당연히 월급도 오르는 것이에요.

하지만 비정규직 노동자는 언제나 최저 임금 정도의 급여를 받아요. 2016년도를 기준으로 정규직 노동자의 월평균 임금은 279만 5천 원인데 비정규직은 149만 4천 원이었어요. 차이가 많이 나지요? 그래서 기업에서는 인건비를 아끼기 위해 비정규직 노동자를 더 많이 고용하려고 해요.

파견직 노동자도 외환 위기 이후에 증가했어요. 기업은 원래의 주요 업무를 제외한 다른 일자리를 외부 업체에 맡기기 시작했어요. 주로 경비, 식사, 청소 등을 담당하는 노동자들이 대상이 되었어요. 기업이 자체적으로 고용을 하는 것보다 1년

마다 입찰을 통해 최저 인건비를 제시하는 외부 업체와 계약을 맺는 형태가 비용이 훨씬 절감되기 때문이에요.

이로 인해 하는 일은 같은데 하루아침에 급여가 반 토막이 나고 고용이 불안정해진 노동자가 늘어났어요. 파견직 노동자는 문제 제기도 하기 힘들어요. A라는 회사에서 지시를 받고 일을 하지만 실제 소속은 B회사이기 때문이에요. 일을 하다 다쳐도 A회사로부터 보상을 받기도 힘들지요.

외환 위기 이후 어떤 직업을 가지느냐에 따라 노동자의 삶은 천차만별이 되었어요. 정규직이냐 비정규직이냐에 따라, 그리고 대기업이냐 중소기업이냐에 따라 사람들은 소득 격차는 물론 대우 자체를 다르게 받게 되었어요. 이를 양극화라고 해요. 자본주의 사회에서 불평등은 어떤 경우에나 존재하지만 외환 위기 이후 대한민국의 불평등은 그 격차가 지나치게 벌어졌어요.

초등학생의 장래 희망에서 대통령이 사라진 이유

불평등한 사회를 살아가는 사람들은 어떻게 변했을까요? 여러분은 하고 싶은 일의 급여가 너무 낮다면, 또 해고가 너무 쉽게 된다면 과연 그 직업을 선택할 수 있겠어요? 어려울 거예요. 부모님께서도 이왕이면 안정적인 일을 하라고 조언하실 거고요.

초등학생들이 어떤 장래 희망을 가지고 있는지를 살펴보면 우리나라가 어떻게 변했는지를 알 수 있어요. 1970~1980년 대에는 대통령이 되어서 멋진 나라를 만들겠다는 어린이들이 많았어요. 어른들도 별말씀 하지 않으셨어요. 실제 대통령이 되겠다는 뜻이 아니라, 저러한 포부라면 무슨 일이라도 잘할 수 있다고 생각했기 때문이에요.

어른들의 이런 태도는 사회적 배경이 있었기에 가능했어요. 우리나라가 고도성장을 하던 시기에는 대기업과 중소기업의 격차가 그렇게 크지 않았고 생산직 노동자가 되더라도 정년이 보장되는 경우가 대부분이었어요. 그래서 어떤 일도 성실하게만 하면 부자는 아니더라도 행복하게 살 수 있다고 생각했지요.

하지만 노동자의 입지가 좁아지고 양극화 시대가 도래하면서 어린이들의 장래 희망은 보다 구체적인 직업으로 등장했어요. 1990년대에는 주로 의사나 변호사처럼 전문적인 직업이 선호되었어요.

최근에는 과거에는 그리 선호하지 않았던 직업인 '공무원'이 장래 희망 1순위로 자주 등장해요. 초등학생만이 아니라 중학생, 고등학생 나아가 대학생까지 공무원을 선호하는 경향은 매우 뚜렷해요.

장래 희망의 변화는 사람들이 현실적인 고민을 해야만 했기 때문이에요. 직업의 선택에 따라 처우가 너무 다르기 때문에 '어떤 일이라도 열심히만 하면 된다.'라면서 막연하게 생각할 수 없었어요. 공무원이 되기를 희망하는 풍토를 보고 일부의 어른들은 요즘의 학생들이 도전 정신이 사라졌다고 꾸중을 하기도 하는데 그건 달라진 사회의 현실을 제대로 이해하지 못한 잘못된 말이에요.

양극화는 안정적인 일자리가 부족하기에 나타나는 현상이기도 해요. 사람들은 이 제한된 일자리를 얻기 위해 어떻게 할까요? 엄청나게 경쟁을 해요. 1980년대에만 하더라도 초등학생이 학원을 다니는 것을 이상하게 여길 정도였지만 지금은 유치원도 들어가기 전부터 사교육을 받는 경우가 많아요.

대학생이 되어도 경쟁은 끝이 없어요. 진로가 중요한 게 아니라 대기업에 입사하는 게 꿈 자체가 되어 버려요. 영어 실력은 기본이고 각종 자격증을 취득해야 하고 공모전 입상 경험도 필요해요.

봉사 활동도 부지런히 다녀야 하고 심지어 외모도 관리해야 해요. 이렇게 취업을 위해서 필요한 목록을 '스펙'이라고 하는데 요즘에는 취업을 위해서는 9개의 스펙이 필요하다고

할 정도예요.

특정한 일자리를 얻기 위해서 지나치게 치열한 경쟁을 하는 건 좋은 사회가 아니에요. 무엇보다 노동을 무시하는 사회적 분위기가 생겨날 수 있어요. 왜냐하면 아무리 노력해도 취업할 수 없으니 아예 일하지 않고 돈을 벌 수 있는 방법을 사람들이 찾기 때문이에요.

그 대표적인 것이 건물을 구입해서 다른 사람에게 임대하고 받은 돈으로 생활하는 방법이에요. 이런 일을 하는 사람을 '임대 사업자'라고 해요. 요즘에는 초등학생들 중에도 "건물 주인 되어서 월세 받아서 편하게 살고 싶다."라고 말하는 경우가 있을 정도예요.

이처럼 양극화가 심한 사회에서는 이왕이면 노동을 피해야

좋은 것이라는 인식이 생겨날 수 있어요. 노동하지 않고 돈을 버는 사람들이 많아지면 땀 흘려 일해서 살아가는 보통 노동자들이 자신의 삶에 박탈감을 느끼게 돼요.

사회는 사람들의 노동이 모여 원활히 돌아가는 것이기에 노동자가 자신의 일을 사랑하지 않으면 큰 문제가 발생해요.

교사, 경찰관, 소방관이 자신의 노동이 가치가 없다고 생각하면 그 피해는 고스란히 다른 사람이 입어요. 임대 사업자가 나쁘다는 것이 아니에요. 하지만 이런 직업을 많은 사람들이 선호한다는 것은 그만큼 우리나라에서는 평범한 노동자가 살기 힘들다는 뜻이에요.

 초등학교에는 왜 여자 선생님이 많을까?

혹시 담임 선생님이 여자 선생님인가요? 지금은 남자 선생님이라 하더라도 초등학교 6년 동안 여자 선생님을 훨씬 많이 만났을 거예요. 대한민국의 초등학교에는 여자 선생님이 대부분이에요. 여기에는 여성 노동자가 한국 사회에서 살아가기 힘든 현실이 숨어 있다는 사실을 알고 있나요?

양극화만큼 중요한 한국 사회의 문제가 일터에서의 성차별이에요. 경제 성장이 목표였던 한국에서 기업들은 오로지 성과만을 중요시했어요. 그래서 오래 일할 수 있는 사람, 쉽게 일을 그만두지 않을 사람을 기업은 선호했어요.

이런 분위기에서 여성들은 많은 차별을 받았어요. 기업은 여성들이 결혼과 출산 등의 이유로 업무를 지속하지 않을 가능성이 높다고 생각했기 때문이에요. 설사 여성을 채용해도 개인의 업무 역량을 키울 수 있는 중요한 일보다는 단순 업무나 커피 타기 등을 시켰어요. 그리고 외환 위기와 같은 위기 상황에서 기업은 여성을 제일 먼저 해고했지요.

여성을 차별하는 풍토는 지금도 일터에 남아 있어요. 여성들은 기업에 취업할 때 더 많은 준비를 해야 해요. 기업에서는 조건이 같은 두 사람이 있다면 남자를 선호하는 경향이 더 강하거든요. 남자가 더 오래 일할 수 있다고 생각하기 때문이에요.

실제 취업을 준비하는 대학생들을 보면 여성이 학점도, 영어 점수도 높은 경우가 많아요. 하지만 외모도 남자들에게 비해 훨씬 더 많이 신경을 써야 해요. 작은 결함이라도 여성이라는 이유로 중요한 결격 사유가 되기 때문이에요.

어렵게 취업이 되었다고 해도 여성 노동자는 여러 차별을 당해요. 특히 임금 격차는 심각해요. 평균적으로 남성의 63% 수준의 임금을 여성이 받아요. 남성이 100만 원을 받는다면 63만 원을 받는 거예요. 그 차이가 OECD 가입 국가들

중 가장 커요. 복지가 잘되어 있고 여성에 대한 차별이 상대적으로 낮은 스웨덴, 핀란드 등에서는 여성의 급여가 남성의 85~90% 수준이니 우리나라의 성차별이 참으로 크다는 것을 알 수 있겠지요?

왜 여성 노동자들의 급여가 남성에 비해 평균적으로 낮을까요? 먼저 저임금 노동의 종사자 중 여성들이 많기 때문이에요. 특히 출산으로 인해 경력 단절이 된 여성이 다시 일을 하길 희망해도 기업에서는 육아로 인해 시간적 제약이 있을 것을 우려해서 쉽게 채용을 하지 않아요. 그래서 한 번 일자리가 단절된 여성들은 파트타임으로 최저 임금을 받으면 일하는 경우가 많아요.

대기업에서 일하는 사람들을 비교해 보아도 마찬가지예요. 입사할 때는 차별을 뚫었던 여성이라 할지라도 승진이 쉽지 않아요. 기업이 조직을 이끌기에는 남성이 적합하다는 고정 관념을 갖고 있기 때문이에요. 그래서 여성이 높은 지위에 오르는 경우는 드물어요. 그러니 전체 임금에서도 남녀 격차가 뚜렷하게 나타나는 거예요. 공무원도 비슷해요. 전체 공무원 중에는 여성의 비중이 절반 가까이 되지만 고위직 공무원에는 여성이 거의 없어요.

그런데 이런 차별은 겉으로 드러나지 않아요. 오히려 기업에서는 성과를 가지고 공정하게 차이를 둔 것이라고 해요. 하지만 이 성과의 차이는 오래된 고정 관념이 원인이 되어 발생한 것이에요.

이처럼 여성들은 쉽게 드러나지는 않지만 분명한 차별을 받으며 일을 해요. 이 보이지 않는 장벽을 '유리 천장'이라고 해요. 눈으로는 다음 단계로 올라갈 수 있을 것 같지만 실제로는 단단한 벽이 여성을 강하게 누르고 있다는 의미예요.

같은 노력, 심지어는 더 많은 준비를 해도 공정한 대우를 받지 못한다면 억울하지 않을까요? 그래서 여성이 교사나 공무원처럼 고용의 안정성이 보장된 직업을 선호하는 것이에요. 특히 이런 직업들은 선발 과정에서 면접보다 시험의 비중이 크기 때문에 비교적 투명하게 평가가 이루어진다는 특징이 있어요. 담임 선생님이 여성인 이유에 불평등한 한국 사회가 존재한다는 것을 이제 알았나요?

지금까지 대한민국에서 노동자로 살아간다는 것의 의미를 살펴보았어요. 생각보다 기분이 좋지는 않지요? 무엇이든 열심히만 하면 되는 줄 알았는데 알고 보니 우리 사회에 여러 차별이 존재하고 있는 걸 알게 되었으니 속상할 것 같네요. 본인이 하고 싶었던 꿈을 과연 이룰 수 있을까 하는 걱정도 들지요?

하지만 여러분! 너무 두려워하지 마세요. 지금까지는 우리가 이런 문제들을 애써 외면했지만 이제는 잘못된 것은 잘못되었다고 말할 수 있는 사회가 되었어요. 앞에서도 말했지만 예전에는 개미처럼 열심히만 살면 다 잘된다고만 했어요. 그러나 이제는 개미든 베짱이든 얼마나 행복하게 살 수 있는지가 중요해졌어요.

 우리는 차별받지 않으며 노동을 하면서 행복하게 살 권리가 있어요. 그래서 체념하지 말고 더 좋은 사회를 꿈꿔야 해요. 지금부터 노동하기 좋은 사회를 어떻게 만들어 가야 하는지를 살펴보아요.

정규직과 비정규직

반가워. 나는 네덜란드에 사는 김지성이야. 한국인 아빠와 네덜란드인 엄마 사이에서 태어났어. 지금까지 네덜란드에서만 살았고 한국에는 단 한 번도 가 본 적이 없어. 한국에 사는 아빠의 친척들이 대부분 네덜란드로 이민을 와서 특별히 한국에 갈 일이 없거든.

나는 한국 친척들 중에서 고모랑 가장 친해. 고모는 한국에서 유명한 영화사에 다녔어. 외국 영화를 한국에 수입하는 일을 했지. 그런데 고모는 회사가 합병되면서 일자리를 잃었어. 같은 일을 하는 직원이 너무 많아서 비정규직이었던 고모가 가장 먼저 잘린 거야.

고모는 원래 정규직이었는데 아이를 키우면서 계약직으로 일했어. 시간을 자유롭게 쓰게 해 주겠다는 회사의 말을 믿고 계약직으로 바꾸었는데, 결국 가장 먼저 일자리를 잃게 되었지. 고모는 계속 일하고 싶었지만 다른 회사에서 취직하기는 쉽지 않았어. 고모는 아이도 더 낳고 싶고 일도 계속하고 싶어서 네덜란드로 이민을 왔어.

고모는 네덜란드 영화사에서 한국에 영화를 수출하는 일을 하고 있어. 하는

일도 똑같고 아이도 키우고 있는데 이곳에서는 정규직으로 일해. 심지어 외국인인데도 말이야. 고모는 네덜란드에서 사는 게 무척 좋대. 나도 고모의 행복한 모습이 너무 보기 좋아.

노동, 어디까지 알고 있니?

'노동 유연성'이라는 말을 들어 본 적 있나요? 노동이 유연하다는 것은 기업의 사정에 따라 인력을 필요한 곳에 배치하고 필요 없을 때는 고용을 하지 않겠다는 뜻이에요. 언뜻 보면 효율적일 것 같지만 언제 해고될지 모르는 노동자 입장에서는 그렇지 않아요. 돈을 규칙적으로 벌 일자리가 없으니까 무척 불안정하지요.

우리나라의 비정규직은 2017년 8월 기준으로 658만 명이에요. 전체 노동자 중 32.9%에 해당되니 노동자 3명 중 1명은 비정규직인 셈이에요. 가족의 생계를 책임지는 가장이 비정규직이라고 생각해 보세요. 갑자기 일자리를 잃으면 어떤 일이 벌어질까요?

물론 공공복지가 잘 발달된 곳이라면 비정규직 노동자도 불안하지 않을 거예요. 하지만 우리나라는 실직자에 대한 사회적 관심이 낮고 주거비, 교육비 등 고정적인 지출도 많아요. 이런 곳에서의 노동 유연성은 과연 노동자를 행복하게 할까요?

외국에는 비정규직 노동자 비율이 얼마나 될까?
사회가 어떤 노력을 해야지 비정규직 노동자도 행복하게 살 수 있을까?

# 우리는 어떤 모습으로 일하게 될까?

"부모님께서는 평생 한 직장에서 최선을 다해 일하시며 저희를 부양하셨습니다."

정년을 맞이한 노동자가 직장에서 퇴임식을 할 때 가족 대표는 이런 감사 인사를 해요. 자녀들은 부모님께 고마움을 전하며 앞으로는 편안하게 쉬시라고 말해요. 신입 사원으로 들어온 노동자가 한 회사에서 30년 넘게 일을 하면 자연스레 직급도 높아지기 때문에 퇴임식에는 회사의 대표는 물론이고 여러 동료들과 후배 사원들이 참여하고요.

요즘에는 이런 정년 퇴임식이 사라지고 있어요. 고등학교나 대학을 졸업한 후 처음 들어간 회사에서 수십 년간 일을 하는 사람이 드물기 때문이지요. 또 60세가 넘었다고 여생을 자녀들의 부양받으며 편안히 쉬는 사람들도 없어요. 많은 사람들이 노인이 되어서도 여러 일을 하면서 새로운 삶을 경험하고 있어요. 그래서 현대 사회는 평생직장이 아닌 평생 직업이 필요한 시대라고 해요.

왜 이런 변화가 일어났을까요? 물론 앞에서도 살펴보았듯 노동의 유연화 현상 때문에 한 회사에서 오래 일하고 싶어도 그럴 수 없는 측면도 있어요. 또 평균 수명이 길어지면서 60세 이후에도 오랫동안 삶을 유지해야 하니 지속적인 경제 활동도 중요해졌고요. 예전이라면 성인이 된 자녀들이 부모님을 부양했지만 이제는 그러기가 쉽지 않아요. 주택 대출비, 자녀의 사교육비 등의 지출을 하다 보면 경제적으로 여유롭지 않기 때문이에요.

하지만 더 중요한 이유가 있어요. 무슨 일을 해도 안정적일 수 없는 시대를 살아가는 사람들은 이왕이면 자신이 좋아하는 일을 하고 싶어 해요. 그래서 남들 부러워하는 대기업에 다니다가도 갑자기 자신의 적성을 찾겠다면서 다른 일을 시작하는 사람도 많아요.

예를 들어 게임 회사에서 프로그램 개발자로 일하는 사람이 돌연 시골로 내려가 농부가 되기도 해요. 이런 결심이 가능한 이유는 남의 시선을 의식하지 않고 좋아하는 일을 하는 것이 더 중요한 가치라고 생각하기 때문이에요. 이처럼 평생 돈만 버는 기계로 살지 않겠다는 사람들이 최근에 증가하고 있어요.

특히 중년이 되어 다른 일자리를 찾는 사람들 중에는 자신의 취미를 살려 지금까지의 일과는 전혀 다른 직업을 선택하는 경우가 많아요. 평소에 독서를 좋아했던 사람은 '독서 지도사'가 되기도 하고 대학을 다니면서 연극반에서 활동했던 사람은 '구연 동화 전문가'가 되어 돈을 벌기도 해요. 평소 역사에 관심이 많았던 사람은 '문화재 설명사'가 되어 전국의 주요 유적지에서 일을 하고 사진을 좋아했던 사람은 '여행 작가'로 책을 집필하기도 하고요.

현대 사회에서는 누구나 자신의 꿈에 도전할 수 있어요. 특히 기술의 개발로 인해 많은 사람들이 적성을 찾을 수가 있게 되었어요. 웹툰 작가나 인터넷 동영상 채널에서 인기 있는 파워 크리에이터도 이런 시대의 변화가 있었기에 새롭게 등장

할 수 있었어요. 불과 20년 전만 하더라도 존재하지 않던 직업들이었지요.

　예전에는 만화를 좋아한다는 이유만으로는 만화가가 될 수 없었어요. 공모전에서 수상을 하거나 몇 개밖에 없는 만화 잡지에 연재를 해야지만 정식 만화가가 될 수 있었어요. 하지만 지금은 기본적인 컴퓨터 장비와 사용 기술만 있으면 누구든지 만화가가 될 수 있어요. 그래서 인터넷을 뜻하는 '웹'(web)과 만화를 뜻하는 '카툰(cartoon)'을 합쳐 웹툰이라는 새로운 장르가 생겨났어요.

　1인 방송을 통해서 돈을 버는 사람이 있다는 것도 놀라운 일이에요. 지금까지 대중들에게 인기 있다는 것은 텔레비전에 반드시 나와야지만 가능한 일이었어요. 하지만 지금은 누구든지 끼만 있다면, 그리고 동영상 촬영 기능이 있는 작은 휴대폰만 있으면 자신을 다른 사람에게 알릴 수 있어요. 현대 사회에는 상상력과 창의력만 있다면 누구든지 자신의 관심사를 직업으로 발전시킬 수 있어요.

　이렇듯 시대가 달라짐에 따라 직업의 세계도 달라졌어요. 미래의 직업은 어떻게 될까요? 우리는 어떤 모습으로 노동하게 될까요?

 미래에는 어떤 일들이 새롭게 등장할까?

예전에는 버스에 운전기사 노동자만이 아니라 안내 노동자가 있었어요. 비행기의 객실 승무원을 생각하면 돼요. 주로 10대 후반이나 20대 초반의 여성이 하는 경우가 많아서 사람들이 '안내양'이라고 불렀어요. 안내양은 버스 정류장마다 여기가 어디인지를 알리고 내릴 사람은 준비하라고 말하고, 버스에 타는 승객에게 교통비를 받는 역할을 했어요.

그런데 이 직업은 사라졌어요. 왜일까요? 바로 기계가 이 노동을 대체했기 때문이에요. 사람들은 직접 교통 카드를 단말기에 찍으며 탑승하고 "다음 정류장은 ○○입니다."라고 알려 주는 소리를 듣고 하차를 해요. 그러니 안내 역할을 굳이 사람이 할 필요가 없어진 거예요.

그런데 안내양도 처음에는 새로운 일이었어요. 자동차라는 기계가 개발되고 많은 사람들이 대중교통을 통해 이동을 하게 되면서 생겨난 직업이지요. 이때 사라진 직업도 있어요. 자동차가 보편화되기 전에는 두 바퀴 달린 수레를 사람이 직접 끌었어요. 이를 '인력거'라고 해요. 하지만 사람이 아무리 빨리 수레를 끌어도 자동차에 견줄 바가 되지 않으니 이 직업은

자연스레 사라졌어요. 사람들이 더 이상 필요로 하지 않았기 때문이에요.

　사회의 변화에 따라 직업은 사라지고 생겨나요. 특히 기계는 사람들이 해 왔던 노동을 훨씬 효율적으로 대체해요. 기술이 개발되면서 안내양이 사라졌듯이 자율 주행 자동차가 거리를 다니게 되면 앞으로 운전 노동자라는 직업도 사라질지 모를 일이에요. 그때는 버스의 운전자 좌석에 인공 지능 전문가가 고장에 대비하여 대기하고 있겠지요? 이미 무인 계산대로 운영하는 식당들도 많아요. 심지어 음식을 로봇이 만드는 경우도 있어요.

　무인 비행기 '드론'을 아시나요? 현재 드론은 물건 배달에 효과적으로 사용되고 있어요. 육지에서 섬으로 편지를 배달하려면 반나절이나 걸렸는데 지금은 수십 분이면 가능하다니

교통카드  2000　　　자율주행 버스 2020

　참으로 놀랄 일이에요. 앞으로 우체부, 택배 기사 등의 배달과 관련된 직업은 많이 사라질 것이지만 한편으로는 '드론 조종 자격증'을 취득한 전문 드론 조종사가 늘어날 거예요. 이미 농촌에서는 드론을 이용해서 농약을 뿌리고 있어요.

　기계가 사람의 일을 대체한다고 생각하면 어떤 느낌이 드나요? 미래에는 일자리가 없어질 테니 불안한 생각이 드나요? 부정적으로 생각할 필요는 없어요. 기계는 사람을 위해서 사용되고 있어요. 호스를 장착한 로봇이 사람 대신 화재 현장에 투입되면 소방관들의 생명을 지킬 수 있어요. 또 사람이 투입될 수 없는 곳까지 로봇이 이동하여 인명 구조를 할 수 있고요. 결국 기계는 사람을 행복하게 하기 위하여 개발된 거예요.

　세상의 모든 직업이 한순간에 인공 지능 로봇으로 대체된다면 누구나 불안할 거예요. 하지만 사회는 사람들이 충분히 적

응할 수 있을 만큼의 속도로 변화해요. 그리고 학교에서는 이런 변화에 당황하지 않고 잘 대처할 수 있는 지식을 가르쳐요.

'코딩'이라는 말 알고 있나요? 컴퓨터 언어로 프로그램을 만드는 것을 코딩이라고 해요. 이제 초등학교에서 코딩 교육을 해요. 10~20년 전에 초등학교를 다녔던 사람이라면 전혀 배우지 못했던 내용을 가르치는 이유는 달라진 시대에 잘 적응해야 하기 때문이에요.

이런 교육을 통해 앞으로는 웹 프로그래머, 빅 데이터 전문가와 같은 컴퓨터를 사용하는 직업을 자유롭게 선택할 수 있어요. 그러니 앞으로의 사회를 너무 걱정하지 말고, 어떤 기술이 사람을 편리하게 해 줄 수 있을지를 고민하고 실천으로 옮기면 그게 새로운 일자리가 될 수 있음을 명심하세요.

기계랑 무관한 새로운 직업도 많아요. 예전에는 없었던 놀라운 직업 중 하나가 '스트레스 해결사'예요. 사람들은 일상의 스트레스를 어떻게 해소할 수 있는지 고민하겠지요? 이를 보고 누군가가 조언을 했는데 효과가 있었어요. 그러면 다른 사람들이 그 방법을 알려 달라고 해요. 이렇게 직업이 생겨나는 거예요.

대표적인 스트레스 해결사는 '웃음 치료사'예요. 불과 10년 전만 해도 아무도 몰랐던 직업이지만 지금은 '웃음 치료사 자격증'을 취득하기 위해 많은 사람들이 공부하고 있을 정도예요. 웃음 치료사는 사람들의 인간관계를 긍정적으로 만들어 줘요. 또 일상생활에 지친 사람이 자신감을 찾고 신체까지 건강해지도록 도와주고요. 과연 이를 로봇이 할 수 있을까요?

또 '임종 설계사'라는 직업도 새롭게 생겼어요. 평균 수명이 늘면서 노인 인구가 많아진 사회에 굉장히 중요한 직업이에요. 사람들은 누구나 자신의 삶을 잘 정리해서 후회 없고 존엄하게 사망하길 원해요. 하지만 현대 사회는 예기치 않은 사고도 많고 과거와 달리 가족과 함께 살지 않는 경향이 많아서 미리 준비하지 않으면 쓸쓸히 죽음을 맞이할 수 있어요.

임종 설계사는 노인들이 품위 있게 돌아가실 수 있도록 미리 준비해 주는 사람이에요. 죽음을 대비하려는 사람은 마음이 참으로 울적할 거예요. 그러니 임종 설계사는 한 인간의 '마지막 친구'가 되어야 한다는 자세로 겸손하고 너그럽게 일을 해야 해요. 이런 일을 과연 감정이 없는 인공 지능이 할 수 있을까요?

미래에는 일자리가 사라진다는 말이 많아요. 하지만 사람들이 있는 곳이라면, 사람들의 필요에 따라 일자리는 언제나 생겨나요. 그렇기에 우리는 미래에 분명 어떤 일을 하고 있을 거예요. 중요한 것은 어떻게 하면 미래에 자신이 살아남을 수 있을지를 고민하는 것이 아니라, 우리가 무슨 일을 하더라도 행복할 수 있는 사회를 꿈꾸는 거예요. 4차 산업 혁명만이 아니라 5차, 6차 혁명의 시대가 와도 이 꿈을 포기하지 않아야지 모두가 행복하게 살 수 있어요.

 어떤 일을 하더라도 인간이 존엄한 사회를 희망하며

여러분은 우리나라가 어떨 때 자랑스러운가요? 올림픽에서 1등을 한 대한민국 선수가 시상대 맨 위에 올라서 금메달을 받을 때인가요? 아니면 외국인이 한국의 김치가 맛있다면서 엄지손가락을 척 하고 들 때인가요? 아! 한국 기업이 만든 휴대폰이 세계에서 많이 팔렸다는 소식을 들었을 때요?

물론 이런 모습들이 자랑스러운 건 당연해요. 그런데 이런 소식을 들을 때의 기분은 어떠세요? 아파트 공사장의 타워 크

레인이 무너져 일하던 사람들이 사망한 일, 공장에 현장 실습 나간 고등학생이 기계에 몸이 끼어 사망한 일, 세계 최고의 휴대폰을 만드는 공장에서 일하던 젊은 노동자가 독성 물질에 노출되어 백혈병에 걸려 사망한 일 등등.

이런 사고는 어쩔 수 없는 걸까요? 아니에요. 어떤 나라에서도 사고는 발생하지만 사고로 노동자가 사망할 확률은 우리나라가 더 높아요. 그래서 한국의 산업 재해 사망률이 OECD 국가들 중에서 최고 수준이에요. 참으로 부끄럽지요?

내가 살고 있는 나라의 사람들 모두가 인간으로서의 존엄성을 보장받는 모습이야말로 우리가 국가를 자랑스러워할 이유일 거예요. 인간의 존엄성은 사람이라면 출생과 동시에 갖는 인간 그 자체로 존중받을 권리예요. 인간의 기본권인 의식주의 해결은 물론이고 차별, 혐오, 폭력을 당하지 않을 권리는 모든 사람에게 있어요. 당연히 누구도 부당하게 죽어서는 안 돼요.

그런데 우리나라의 노동자는 늘 위험에 노출되어 있어요. 이건 절대 당연한 게 아니에요. 노동자라면 소속이 대기업이나 중소기업에 상관없이, 소득이 높든 낮든, 정규직이든 아니든, 중요한 일을 하든 말든 그리고 그 노동자의 국적이 한국이든 외국이든 상관없이 누구나 존엄하게 노동을 할 권리가 있어요. 만약 그렇지 않은 사회라면 결코 자랑스럽다고 해서는 안돼요.

어른들 중에는 모든 사람이 다 잘살 수는 없다고 말하는 경우가 있어요. 인류 역사에서도 한 번도 모두가 평등한 적은 없었다면서요.

틀린 말은 아니에요. 인류는 공동체 생활을 한 이래 늘 가진 자와 그렇지 않은 자로 구분되었거든요. 하지만 그 차이를 줄이기 위한 노력도 언제나 해 왔어요. 그래서 완전하지는 않지만 어제보다는 오늘 더 많은 사람이 평등해졌어요.

노력의 대표적인 결과물이 복지 제도예요. 복지는 자본주의의 문제점을 보완해 전체를 행복하게 해요. 경쟁이 1등을 찾아 상을 주는 거라면 복지는 상을 받지 못한 사람들이 인간으로서 행복하게 살아갈 수 있는지를 확인해요.

사람은 누구에게나 행복할 권리가 있기 때문에 복지 제도는 경쟁을 통해 승자와 패자를 가리는 자본주의 사회에서 반드시 있어야 해요. 복지는 사람들에게 직접 돈을 지급하는 방법도 있고 교육, 주거, 의료의 공공성을 강화하여 사람들이 돈을 적게 벌어도 지출하는 금액이 크지 않도록 도와주는 방법도 있어요.

최근에는 '기본 소득'에 관한 논의까지 활발해요. 기본 소득은 재산이 얼마인지에 상관없이 모든 사람에게 일정한 금액을 지불하는 제도예요. 기본 소득은 빈곤한 사람이 우선적으로 혜택을 받는 기존의 복지 정책의 한계 때문에 등장했어요.

예를 들어 빈곤한 사람을 어떻게 가려 낼까요? 월 소득 100

만 원 이하를 빈곤층이라고 한다면 소득이 101만 원인 사람은 가난하지 않은 사람일까요? 그리고 기존의 복지 정책은 '나는 가난하다.'라고 스스로 증명을 해야지만 혜택을 받는다는 문제도 있었어요. 수치심을 참아가며 존엄성을 유지하는 것이 과연 타당하냐는 논쟁은 지금도 이어지고 있어요.

기본 소득은 기계가 일자리를 대신하는 미래에 획기적인 대안이 될 수 있어요. 앞으로 인공 지능을 장착한 로봇이 여러 일을 대신할 텐데 이때 발생한 소득을 기계 주인만 갖는 것이 타당하냐는 논란이 많아요. 그래서

로봇에 세금을 징수하여 다른 사람들을 행복하게 하는 데 사용하자는 주장이 많아요. 미래에 노동자인 여러분은 기본 소득에 대해서 어떻게 생각하나요?

인류가 더 나은 복지 제도를 고민하는 것은 인간의 존엄성이 사람마다 달라서는 안 되기 때문이에요. 차별을 별 수 없는 거라고 내버려 두는 사회에서는 사람들이 '나는 공부 열심히 해서 저런 일 안 해야 하는데.'라는 식으로만 생각해요. 이 생각에 익숙해지면 학교 성적에 따라 누구는 차별받아도 상관없다는 분위기를 만들어요. 이는 노동자에 대한 잘못된 고정 관념을 만들어요.

중학교에서 이런 일이 있었대요. '노동자는 ○다.'라는 문장을 주고 빈칸에 들어갈 말을 써 보라고 했더니 한 학생이 '노동자는 덜 배운 자'라고 작성을 했어요. 심지어 '거지'라고 표현한 경우도 있었어요. 여러분은 네모 안에 무엇을 적고 싶은가요?

지금까지 우리나라는 기업이 얼마나 많은 매출을 올렸는지에만 관심을 가졌어요. 사람들은 그저 회사의 규모만을 기준 삼아 좋고 나쁘다를 판단했어요. 그 규모가 세계에서도 대단한 것이면 우리나라가 대단한 것이 된 것처럼 자랑스러워했

어요. 하지만 중요한 것은 노동자들이 인간으로서의 존엄성을 보장받느냐가 아닐까요? 기업이 노동자에게 정당한 보상을 하지 않았다면, 노동3권을 보장하지 않았다면 아무리 대기업이라도 좋은 회사가 아니에요.

　사회 속 '누구나' 행복한 사회를 꿈꿔야 해요. 모든 노동자 여러분이 어떤 일을 해도 즐거울 수 있다는 사실을 절대 잊지 마세요.

모두 다 노동자야!

　대한민국 성인의 약 70%는 노동자예요. 여러분도 자라면 아마 대부분 노동자가 되겠지요. 뿐만 아니라 여러분 가족들도 대부분 노동자일 거예요. 하지만 안타깝게도 우리 사회는 노동자를 소중하게 생각하거나 존중하지 않아요.
　변화는 가만히 있을 때 찾아오지 않아요. 정당한 권리를 끊임없이 주장해야 비로소 변화가 찾아오지요. 미래의 노동자인 여러분, 노동자의 권리를 알아 두세요. 그리고 노동자의 권리를 지지하세요. 그래야 노동자가 존중받는 미래가 될 거예요.

노동자의 권리

대한민국 헌법 제32조는 인간의 존엄성을 보장받을 권리가 노동자 모두에게 있음을 명시했어요. 무엇이 보장받아야 존엄한 노동이 가능할까요? 먼저 너무 많은 시간을 일해서는 안 되겠지요? 그래서 노동자에게는 일정 시간을 넘어서면 일하지 않을 권리와 정해진 휴식을 당당하게 취할 자유가 있어요. 만약 저녁이나 휴일에 일을 한다면 평소보다 더 많은 돈을 받아야 해요. 그리고 정당한 이유 없이 해고당하지 않을 권리도 있어요. 일하는 도중에 사고를 당하게 되면 보상을 받을 수도 있어요. 이러한 조건들을 보장한다는 근로 계약서를 작성할 의무가 사용자에게 있어요. 이런 약속이 지켜지지 않을 경우 노동자는 단체 행동을 통해 요구를 관철시킬 수 있어요.

노동에 대한 고정 관념을 깨자!

평창 올림픽 쇼트트랙 여자 3천 미터 계주에서 자랑스러운 금메달을 딴 김아랑 선수를 알고 있나요? 대표팀의 맏언니로서 후배들을 이끌었고, 개인 경기에서 본인은 메달을 따지 못했어도 금메달을 딴 동료를 격려하는 진정한 스포츠 정신을 보여 준 선수예요.

김아랑 선수의 아버지는 창문틀을 설치하는 노동자예요. 트럭을 타고 전국을 돌아다니며 일을 해요. 아버지는 이 트럭으로 김아랑 선수를 경기장까지 태워 주며 훈련을 도왔어요. 이를 보고 기자가 "평소 아버지의 트럭을 스스럼없이 타는 것 같다."라고 하니 김아랑 선수는 이렇게 답했어요. "아버지가 트럭을 모는 것을 왜 부끄러워해야 하지요?"

　그런데 이 당연한 말이 화제가 되었어요. 무슨 일을 하는지에 따라서 이를 바라보는 사람들의 태도가 차이가 많기 때문이에요. 한국 사회에서는 부모님의 직업이 무엇이냐에 따라 사람들의 관심이 확연히 달라지는 경우가 많아요. 소득과 명예가 높은 직업을 가진 경우에 더 관심을 보이는 사람들이 많은 편이지요.

　이런 관심은 직업 세계에는 누구나 부러워해야 하는 '좋은 일'과 그 반대편에 마치 '나쁜 일'이 있다는 생각을 가지게끔 해요. 특히 소득과 명예는 공부를 잘하고 못하고에 따라 결정되는 경우가 많기 때문에 직업을 자꾸만 공부와 연관시켜 어떤 직업은 마치 공부를 못한 결과라는 인식이 있기도 하지요.

　직업에 따라 사람을 무시하는 경우가 발생하는 이유는 이 때문이에요. 그래서 뉴스에는 백화점에서 고객이 판매 노동자의 무릎을 꿇게 한 사건이, 아파트 경비원에게 주민들이 부당한 일을 시킨 경우가, 심지어 배달 음식을 시켜먹고 그릇을 찾으러 온 사람에게 집에 있는 쓰레기를 버려 달라는 나쁜 사람들의 이야기가 가끔씩 등장해요. 이런 사회를 과연 좋은 사회라고 할 수 있을까요?

　노동에 대한 고정 관념은 이렇게 무서워요. 사람을 평등하게 바라보지 않게끔 하고, 이를 넘어 자신의 나쁜 행동을 합리화하기까지 해요. 어떤 사람도 수치심을 느끼며 일을 할 이유가 없고 어떤 사람도 타인에게 수치스러움을 안겨서는 안 돼요. 이를 위해서는 노동에 대한 고정 관념부터 깨야 하겠지요? 그래야지만 자신의 권리를 주장할 수 있고 타인의 권리를 침해하지 않을 수가 있어요.

　책의 처음에 이런 말을 했는데 기억나요? 여러분에게 멋진 일을 하라는 말을 하지 않는다고 했어요. 왜 그랬는지 이제 이해했나요? 저는 여러분이 어떤 일을 하더라도 멋진 삶을 살았으면 좋겠어요. 이를 위해서는 나만이 아니라 모두가 행복한 사회를 만들어야 해요.

모두가 행복하기 위해서는 노동의 뜻을 이해하고 노동자의 권리가 어떤 것인지를 제대로 알고 있어야 해요. 어떤 일을 하느냐에 따라 멋지고 아닐 수도 있지만, 진정으로 멋진 사람이란 모든 사람을 인간으로서 존엄하게 대하는 사람이 아닐까요?

지구촌 시대, 세계를 무대로 살아갈 어린이를 위한 책
세계 시민 수업 (전6권)

한국출판문화산업진흥원
우수출판콘텐츠
선정도서
세종도서 교양부문
선정도서
국제앰네스티
한국지부 추천도서

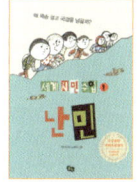

1권 난민 왜 목숨 걸고 국경을 넘을까?
난민들이 목숨을 걸고 국경을 넘는 이유를 배우고, 난민들이 어떻게 살아가는지를 알아봅니다. 미래의 희망인 난민 아이들의 삶은 뭉클한 감동을 줍니다.
박진숙 글 | 소복이 그림 | 104쪽

2권 석유 에너지 전쟁을 일으키는 악마의 눈물
석유는 생활을 편리하게 해 주지만, 환경 오염과 전쟁을 일으키는 무서운 에너지이기도 합니다. 석유를 둘러싼 다양한 문제를 극복할 수 있는 지혜를 배웁니다.
이필렬 글 | 안은진 그림 | 120쪽

3권 식량 불평등 남아도는 식량, 굶주리는 사람들
전 세계에 식량이 충분한데 10억 명이 굶주림에 시달립니다. 힘센 나라와 거대 기업이 일으키는 문제를 배우고, 우리의 먹거리를 어떻게 지켜 나갈지 알아봅니다.
박병상 글 | 권문희 그림 | 104쪽

4권 아동 노동 세계화의 비극, 착취당하는 어린이들
전 세계 어린이 중 10퍼센트가 학교 대신 일터로 나가고 있는 충격적인 아동 노동 문제를 알리고, 아동 노동을 없애는 구체적인 방법을 소개합니다.
공윤희 · 윤예림 글 | 윤봉선 그림 | 132쪽

5권 환경 정의 환경 문제는 누구에게나 공평할까?
지구 온난화, 기후 변화, 생물종 멸종 등 지구에서 벌어지고 있는 환경 문제를 환경 정의의 눈으로 살피고, 지속 가능한 삶을 위한 대안을 알아봅니다.
장성익 글 | 이광익 그림 | 120쪽

6권 빈곤 풍요의 시대, 왜 여전히 가난할까?
전 세계가 함께 해결해야 할 빈곤. 아무리 열심히 일해도 가난에서 벗어나지 못하는 이들의 이야기를 살피고, 빈곤을 없애기 위해 해결해야 할 것이 무엇인지 알아봅니다.
윤예림 글 | 정문주 그림 | 136쪽